Egon Minar

# Europa im Jahr 2100

## Extrapolationen in die Zukunft

Für meine geliebte Frau Nathalie

Egon Minar

**Europa im Jahr 2100**
**Extrapolationen in die Zukunft**

1.Auflage 2024

www.egonminar.net

ISBN: 979-8883195371

**Inhaltsverzeichnis**

## Vorbemerkungen des Autors

Weltweit sind die Verunsicherungen, Sorgen und Ängste der Menschen in den letzten Jahren enorm gestiegen. Dies gilt für die USA und insbesondere für Europa und damit auch für Deutschland. Noch waren die Sorgen aufgrund der weltweiten Covid-19-Pandemie keineswegs verschwunden, da sind im Jahre 2022 weitere und noch gravierendere Probleme aufgetaucht: der Angriffskrieg der Russischen Föderation auf die Ukraine, dessen Ende nicht eingeschätzt werden kann, die Energie-Engpässe und die dadurch verursachten hohen Inflationsraten, welche in einem kausalen Zusammenhang mit dem Ukraine-Krieg stehen.

Die wirtschaftlichen Sorgen und damit auch gewisse Existenzängste haben deutlich zugenommen. Die Energie-Engpässe verschärften zumindest kurzfristig die Umweltbelastungen, die zu den schon bekannten Verwerfungen beim weltweiten Klima und zu gewaltigen Klimakrisen führen, welche durch die ständig steigende Erderwärmung verursacht werden. Leider sind die eben genannten Problemfelder beileibe nicht die einzigen gegenwärtigen großen Sorgen der Menschen weltweit.

Heutzutage haben viele Menschen Ängste, Sorgen und ungute Gefühle bezüglich der aktuellen Lage zu geopolitischen, wirtschaftlichen und gesellschaftlichen Themen und insbesondere zu künftigen Entwicklungen. Diese Themen sind heute aufgrund der globalen Verzahnung und der raschen Entwicklungen in gewisser Weise miteinander verwoben. So führen Kriege und geopolitische Gefahrenherde zu wirtschaftlichen Sanktionen, die dann oftmals politische und insbesondere wirtschaftliche Gegenreaktionen auslösen.

Sehr deutlich lässt sich dies am Russland-Ukraine-Krieg darstellen. Auf den Einmarsch der russischen Truppen am 24.Februar 2022 haben die westlichen Staaten, insbesondere die USA, die NATO-Staaten und die EU umgehend reagiert und die Ukraine mit Waffenlieferungen und finanziellen Mitteln unterstützt. Gleichzeitig wurden Sanktionen gegen die Russische Föderation, gegen Mitglieder der russischen Regierung und gegen russische Oligarchen verhängt.

Die Gegenreaktionen seitens Russlands folgten zeitnah. Der russische Präsident Wladimir Putin und die russische Regierung haben Europa und insbesondere die EU-Staaten an der empfindlichsten Stelle getroffen, an der Abhängigkeit Europas von den russischen fossilen Energieträgern. Mit vielen falschen Behauptungen und Begründungen wurden nach und nach die Erdgas-Lieferungen Russlands nach Europa gedrosselt und nach einigen Monaten nahezu völlig eingestellt. Die absehbaren Folgen sind sehr rasch eingetreten: die Preise für Erdgas gerade für Europa haben sich in wenigen Wochen vervielfacht. Wegen der Verzahnung der europäischen Gas- und Strompreise sind auch die Stromkosten massiv gestiegen. Aufgrund des massiven Einflusses der Öl-, Gas- und Strompreise auf die Inflation und damit auf nahezu alle Preise haben sich die Lebenshaltungskosten für Menschen in Europa und auch in den USA gewaltig erhöht.

Schon die Folgen der Covid-19 Pandemie hatten die Einkommensschwachen und Besitzlosen am stärksten getroffen. Die explodierende Inflation und die massiv gestiegenen Lebensmittelpreise führten gerade bei den Ärmsten zu großen Existenzsorgen. Die Kluft zwischen Geringverdienern und Einkommensstarken und zwischen Besitzlosen und Vermögenden ist in den letzten Jahren enorm angestiegen.

Natürlich versuchten die meisten europäischen Regierungen mit Unterstützungspaketen besonders für die bedürftigsten Schichten finanzielle Hilfen zu leisten bzw. die Auswirkungen der extrem hohen Gas- und Strom-Preise in gewisser Weise abzuschwächen. Dies führte dann in der Konsequenz zu deutlich höheren Verschuldungsquoten vieler Staaten und reduzierte deren Möglichkeiten für erforderliche Investitionen in vielen Bereichen.

Eine weitere Folge der stark gestiegenen Inflationswerte waren die erforderlichen Zinserhöhungen der Zentralbanken wie FED und EZB, um den Inflationsdruck abzumildern. Dadurch stiegen die Gefahren von wirtschaftlichen Rezessionen.

Die Geschichte lehrt uns, dass Wirtschaftskrisen oftmals zu politischen Veränderungen führten in Richtung autokratische Herrschaftsstrukturen mit erheblichen gesellschaftspolitischen Folgen wie eingeschränkte Bürgerrechte und Verluste von Meinungs- und Presse-Freiheiten. Wirtschaftskrisen bringen sehr oft Stimmengewinne bei populistischen Bewegungen, da viele Menschen den traditionellen politischen Parteien nicht mehr vertrauen und Veränderungen wünschen. Die Folgen sind dann zumeist stark zunehmende Manipulationen von Tatsachen, Fake News und gewisse Trends zu autokratischen Zügen, denen populistische Parteien oftmals nahestehen.

Gesellschaftliche und soziale Fehlentwicklungen können zu innenpolitischen Auseinandersetzungen, zu massiven Massenprotesten bis zu Bürgerkriegen führen. Eine solche immense Gefahr besteht gegenwärtig in der stark gestiegenen Kluft zwischen Arm und Reich, zwischen Geringverd enern und Einkommensstarken und zwischen Besitzlosen und Vermögenden. Diese soziale Kluft sollte nicht noch wesentlich größer werden, da uns die Geschichte gelehrt hat, dass evolutionäre Entwicklungen deutlich besser sind als Revolutionen. Gute Beispiele dafür sind die Französische Revolution von 1789 und die Revolutionen von 1848 in einigen europäischen Ländern.

Die eben genannten Beispiele beweisen, wie sehr geopolitische, wirtschaftliche, gesellschaftliche und soziale Themenbereiche miteinander verzahnt sind. Leider zeigen sich gegenwärtig weltweit und insbesondere für Europa immense Fehlentwicklungen, Gefahrenherde und Risikopotentiale auf allen diesen genannten Ebenen. Darum sind die Sorgen und Ängste bei sehr vielen Menschen in den letzten Jahren deutlich gewachsen.

Es ist deshalb auch nicht verwunderlich, dass der Pessimismus über die Zukunftsaussichten bei den meisten Menschen in Europa deutlich gestiegen ist. Dabei ist es besonders betrüblich, dass gerade jüngere Menschen sich deutlich pessimistischer über die Zukunft äußern. Natürlich spielen hier die massiven Umweltbelastungen und die deutlich feststellbaren Klimaveränderungen eine ganz wesentliche Rolle.

Ende 2019 stellte Amnesty International an rund 10.000 18- bis 25-Jährige, also Vertreter der Generation Z, aus 22 Ländern die Frage nach den größten globalen und nationalen Herausforderungen der 2020er Jahre aus Sicht dieser jungen Menschen.[1] Dabei wurden als größte Probleme der Klimawandel und die Umweltverschmutzung genannt, gefolgt von Terrorismus, Rückgang von natürlichen Ressourcen, Ungleichheit und Rassismus, Kriminalität, Gewalt gegen Frauen, Zugang zu sauberem Trinkwasser, Korruption, Ungleichheit der Geschlechter, Zugang zu gutem Gesundheitswesen und Migration.

Auch in einem aktuelleren Millennial Survey 2022 der Beratungsgesellschaft Deloitte[2] wird von der Generation Y (Millennials) der 28- bis 39-Jährigen und der Generation Z als größte Sorge der Klimawandel genannt. Danach folgen die hohen Lebenshaltungskosten und der damit verbundene Wohlstand, die Gesundheitsversorgung, der Terrorismus und die Migration. Dieser Survey-Report, der weltweit über 23.200 Menschen und davon 800 in Deutschland befragt, erscheint einmal jährlich.

---

[1] Vgl. Amnesty International: „Generation Z: Klimawandel wichtigstes Thema unserer Zeit"; https://amnesty.ch. 2019, 10.Dezember

[2] Vgl. Deloitte: „Deloitte Millennial Survey 2022. Klimawandel bleibt die größte Sorge der Gen Z und Millennials in Deutschland"; https://www2.deloitte.com. 2022

Im Global Risks Report des Word Economic Forums von 2023[3] wurden von internationalen Experten als größte aktuelle Risiken bezogen auf die kommenden zehn Jahre der Klimawandel, die zu geringen Maßnahmen zur Verringerung der Erderwärmung, die dadurch verursachten Wetter-Katastrophen und der Zusammenbruch des Eco-Systems, die massiven Migrations-Bewegungen und die zunehmende Spaltung der Gesellschaft genannt.

In einer Studie unter allen 27 EU-Mitgliedsstaaten im Mai/Juni 2023 sind gegenwärtig die hohe Inflation und Lebenshaltungskosten die größte Sorge in Europa, gefolgt von internationalen Krisen (dies beinhaltet den Russland-Ukraine Krieg). An die dritte Stelle sind mit wieder stark steigender Tendenz die Migrationskrise und die Einwanderungen vorgerückt, gefolgt vom Klimawandel.[4]

Vermutlich haben die angeführten pessimistischen Einschätzungen einen großen Einfluss auf die immer geringeren Geburtenraten in Europa, welche wiederum ganz andere gewaltige Probleme mit sich bringen. Fachkräftemangel, Überalterungen, Mangel an Pflegekräften und die Gefahren von kollabierenden Rentensystemen sind die gefährlichen Folgen. Darauf wird in diesem Buch ausführlich eingegangen.

Manche der genannten Probleme bzw. Herausforderungen bedürfen kurzfristiger Maßnahmen zur Behebung bzw. Lösung, wie beispielsweise die Inflationsbekämpfung oder die aktuellen Migrationskrisen mit den hohen Zahlen von Flüchtlingen. Andere Herausforderungen, wie die steigende Erderwärmung und die dadurch ausgelösten Klimakrisen oder die zu geringen Geburtenraten mit den eben erwähnten Folgeproblemen, brauchen langfristig orientierte Maßnahmen.

---

[3] Vgl. World Economic Forum: „Global Risks Report 2023"; https://www.weforum.org. 2023, 11.Januar

[4] Vgl. Euronews: „Inflationsängste statt Energiepreise: Das sind die fünf größten Sorgen in Europa"; https://de.euronews.com. 2023, 11.Juli

Diesbezüglich muss es als sehr problematisch bezeichnet werden, dass die Politik und Gesetzgebung häufig nur sehr kurzeitig denken und handeln, weil sie diesbezüglich zumeist bloß die nächsten anstehenden Wahlen im Blickwinkel haben. Darunter könnten langfristige Themen wie beispielsweise die erforderliche Erhöhung der Geburtenraten zumeist zu kurz kommen.

Börsennotierte Unternehmen treffen oftmals Entscheidungen mit Blickrichtung Quartalsergebnisse und Aktienkurs-Entwicklungen. Dennoch haben große Unternehmen bei Großinvestitionen bis zu zwanzig Jahre im Fokus. Die meisten Entscheidungen in der Zivilgesellschaft sind ebenfalls kurz- oder mittelfristig ausgerichtet.

Auch wenn der Buchtitel Vermutungen aufkommen lassen könnte, dass es sich um ein utopisches Werk handeln könnte, so soll mit aller Deutlichkeit geschrieben werden, dass die vom Autor getätigten Prognosen Extrapolationen von gegenwärtigen und bereits erkennbaren künftigen Entwicklungen darstellen.

Es wird sicherlich gewaltige technologische Entwicklungen in mehrfacher Hinsicht geben, insbesondere in der weiter fortschreitenden Digitalisierung, in der Künstlichen Intelligenz (KI) und in der Robotik. Manche neue Gen-Technologien und gentechnische Entwicklungen werden gewisse Sorgen und sogar Ängste hervorrufen. Darauf wird in einem Kapitel speziell eingegangen werden.

Im ersten Teil des Buches beschreibt der Autor deutlich die bereits klar erkennbaren Abstiegstendenzen Europas in geopolitischer, wirtschaftlicher und gesellschaftlicher Hinsicht. Diesbezüglich verweist er auf sein bereits erschienenes Buch „Wege aus dem Abstieg“.[5]

---

[5] Vgl. Minar, Egon: Buch „Wege aus dem Abstieg“; GHV-Verlag. ISBN: 978-3-87336-802-6. 2023, August

Nach der erfolgreichen Veröffentlichung dieses Buches hat der Autor viele Anfragen erhalten, wie es wohl mit einigen der großen Herausforderungen an Politik, Wirtschaft und Zivilgesellschaft weitergehen würde. Bei einigen von diesen sogar kurzfristig erforderlichen Weichenstellungen würden sich langfristige negative Auswirkungen zeigen, wenn keine Anpassungen stattfinden sollten.

Darum geht der Autor im zweiten Teil dieses Buches auf einige der besonders kritischen und gefährlichen Fehlentwicklungen in Europa und insbesondere in den deutschsprachigen Ländern ein. Die zeitliche Betrachtungsweise dazu liegt von heute bis zum Jahr 2050 und in einigen absehbaren Fällen sogar bis zum Jahr 2100. Gerade bei der Erderwärmung und beim vorhersehbaren Klimawandel müssen die Jahrzehnte bis zur nächsten Jahrhundertwende ins Auge gefasst werden.

Der Autor prognostiziert, dass es bei einigen krassen aktuellen Fehlentwicklungen in den kommenden Jahrzehnten zu Maßnahmen und Versuchen kommen wird, um die besonders negativen Auswirkungen zumindest abzumildern. Darauf wird er im dritten Teil zu schreiben kommen und diesbezüglich seine realistischen Einschätzungen geben.

Im vierten Teil beschreibt der Autor die aus heutiger Sicht wahrscheinlichen und aufgrund von getätigten Extrapolationen über die nächsten knapp acht Jahrzehnte die gesellschaftlichen und wirtschaftlichen Szenarien für Europa für das Jahr 2100. Diesbezüglich hat der Autor einige mathematische Modell-Rechnungen mit unterschiedlichen Parametern vorgenommen, welche er erläutern wird.

Aufgrund seines wirtschafts- und sozialwissenschaftlichen Studiums und seiner über vierzig Jahre beruflichen Tätigkeiten in Führungspositionen hat der Autor seine Fähigkeiten für auch langfristige Extrapolationen und Prognosen erlangen können, die er in der Vergangenheit nachweislich unter Beweis stellen konnte.

Schon in den 1980er Jahren und insbesondere nach dem Kyoto-Protokoll von 1997 hat er vielfach mündlich und schriftlich auf die Dringlichkeit von korrigierenden Maßnahmen in Bezug auf den Klimawandel hingewiesen. Das gleiche gilt für den übermäßigen Verbrauch von natürlichen Ressourcen und für die zu befürchtenden Engpässe nach dem Bericht des Club of Rome im Jahr 1972. Schon damals hat der Autor insbesondere auf den Rohstoff Nutz- und Trinkwasser verwiesen. Es dauerte einige Jahrzehnte, bis auch diese Erkenntnis weltweit große Bedeutung erlangt hat. Es ist zu befürchten, dass es wegen der Wasser-Ressourcen zu geopolitischen Krisen bis hin zu kriegerischen Auseinandersetzungen kommen wird.

In den 2000er Jahren hat der Autor vor künftigen massiven Flüchtlingskrisen gewarnt, nachdem die meisten europäischen Staaten Italien in punkto Migration über das Meer im Stich gelassen haben. Erst der Bürgerkrieg in Syrien und die erste große Flüchtlingswelle im Jahr 2015 haben die gewaltigen Herausforderungen der Bewältigung der Migrationskrisen in den Fokus aller Europäer gerückt.

Damals haben viele Bekannte und Freunde den Autor als Schwarzmaler bezeichnet. Doch bedauerlicherweise haben sich seine Voraussagen zu wirtschaftlichen und gesellschaftlichen Entwicklungen zu früheren wie auch bei späteren Prophezeiungen stets bestätigt.

Bereits anfangs der 2000er Jahre hat der Autor in seinem Bekanntenkreis deutliche Warnungen im Zusammenhang mit den Plänen des damals noch jungen russischen Präsidenten Wladimir Putin ausgesprochen. Dabei hat er sich stark an die Erkenntnisse von Otto von Habsburg angelehnt, dessen

Warnungen von vielen europäischen Regierungen ignoriert wurden.[6] [7]

Darum hat der Autor ebenfalls nachweislich vor der großen Abhängigkeit Deutschlands in Bezug auf die fossilen Energieträger Russlands gewarnt. Bedauerlicherweise haben die deutschen Regierungen unter Gerhard Schröder und Angela Merkel dies nicht erkannt bzw. erkennen wollen und dadurch Deutschland, seine Wirtschaft und Zivilgesellschaft im Jahr 2022 in große Schwierigkeiten gebracht.

Betreffend die gesellschaftlichen und wirtschaftlichen Entwicklungen bis zum Jahr 2100 hat der Autor aufgrund der gegenwärtigen und der zu erwartenden Lage eine recht klare Sichtweise, welche er detailliert erklären wird. Am schwierigsten ist es für den Autor geopolitische Prognosen bis zum Jahr 2100 zu wagen, da die wesentlichen Entscheidungen dazu nicht in Europa getroffen werden. Europa wird diesbezüglich ohnedies immer mehr in eine weltpolitische Nebenrolle gedrückt werden. Dennoch wird der Autor einige seiner geopolitischen Einschätzungen mit Einfluss auf Europa darstellen.

Im fünften und letzten Teil wird der Autor trotz vielfach pessimistischer Ansichten einige positive Entwicklungs-Möglichkeiten darstellen. Diesbezüglich wird er anführen, mit welchen langfristig ausgerichteten Maßnahmen Politiker, Wirtschaftsführer und andere Entscheidungsträger in Europa und insbesondere in den deutschsprachigen Ländern erreichen könnten, dass Europa immer noch einige Bedeutung in wirtschaftlichen Themen behalten könnte und dass sich der Wohlstand in Europa zwar auf einem insgesamt tieferen, aber doch noch akzeptablem Zustand einpendeln könnte.

---

[6] Vgl. Youtube: „Über Putin: Wie Otto von Habsburg ihn einschätzte“; https://www.youtube.com. 2003 und 2005

[7] Vgl. DiePresse: „Otto Habsburg warnte 2005: Europas größtes Problem ist die Herrschaft Putins“; https://www.diepresse.com. 2022, 15.März

Trotz aller Gefahren möchte es der Autor nicht unterlassen, auf die vielen positiven Entwicklungen hinzuweisen, welche die Menschheit gerade in den letzten 80 Jahren und insbesondere nach den beiden Weltkriegen in Europa hervorgebracht hat. Es ist allerdings nicht Gegenstand dieses Buches, die großartigen Leistungen der Menschheit auf wirtschaftlichen, technologischen und medizinischen Gebieten zu würdigen, die zu einem größeren Wohlstand und zu einer höheren Lebenserwartung für viele Menschen in Europa geführt haben.

Es gibt viele Experten, die meinen, dass die Generation der „Babyboomer" (Geburtenjahrgänge 1946 bis 1964) möglicherweise die besten Zeiten der Menschheit erlebt haben wird. Der Autor, der selbst auch zur Generation der Babyboomer zählt, ist der Ansicht, dass auch die Generation X (Geburtenjahrgänge 1965 bis 1980) und vielleicht auch noch die Generation Y (Geburtenjahrgänge 1981 bis 1996) in späteren Jahrzehnten und Jahrhunderten zu den glücklichsten Generationen der Menschheit in Europa zählen werden, weil sie einigermaßen friedliche und sichere Zeiten gepaart mit Wohlstand erleben durften. Die Zukunft wird weisen, ob diese gegenwärtigen Einschätzungen und Mutmaßungen richtig gelegen haben werden.

Dem Autor ist bewusst, dass vielen Politikern und Entscheidungsträgern die von ihm begründeten und nachvollziehbaren Einschätzungen und Prognosen bis zum Jahr 2100 nicht gefallen werden, einerseits weil sie selbst, wie bereits erwähnt, nur einen sehr kurzen zeitlichen Horizont von maximal drei bis vier Jahren zeigen und andererseits, weil sie ihr Versagen in langfristigen Themen nicht zugeben wollen. Einmal mehr werden sie versuchen, ihre politischen Mainstreaming-Gedanken mithilfe von Medien durchzusetzen.

Wer nicht politische und mediale Mainstreaming-Aussagen verfolgt, soll mundtot, diffamiert, denunziert und der Lächerlichkeit preisgegeben werden. Darum wagen gegenwärtig mit steigender Tendenz immer weniger Menschen ihre eigenen ehrlichen Meinungen öffentlich zu nennen, wenn diese nicht dem propagierten politischen, medialen und gesellschaftlichen Mainstream entsprechen.

Eine repräsentative Umfrage des Instituts für Demoskopie Allensbach im Mai 2019 dokumentierte bereits, dass nahezu zwei Drittel der Befragten folgender Aussage zustimmten: *„Heutzutage muss man sehr aufpassen, zu welchen Themen man sich wie äußert. Es gibt viele ungeschriebene Gesetze, welche Meinungen akzeptabel und zulässig und welche eher tabu sind"*. Nur gut 20 Prozent sahen dies anders.[8] [9]

Die Erkenntnisse dieser Allensbach Umfrage kommentierte Frau Prof. Köcher damals deutlich: „Für die Mehrheit der Deutschen ist das Recht auf Meinungsfreiheit in Deutschland gesichert. Dennoch sind zwei Drittel davon überzeugt, dass es heute viele ungeschriebene Gesetze gibt, die eine freie Meinungsäußerung zu bestimmten Themen besonders im öffentlichen Raum einschränken. Das betrifft einerseits Themen, bei denen gegen gesellschaftliche Normen und Sagbarkeitsregeln verstoßen wird, andererseits betrifft es aber auch Themen, die viele bewegen, die aber nach dem Eindruck eines großen Teils der Bevölkerung von den Führungseliten nicht ernstgenommen werden: dazu gehört das Flüchtlingsthema, wie auch der Umgang mit dem Islam. Mit dem Aufkommen nationalistischer Gruppierungen werden auch Begriffe wie „Vaterlandsliebe“ oder „Patriotismus“ als tabuisiert wahrgenommen.“[10]

Diese Erkenntnisse aus der Allensbach Studie hat vor vier Jahren viele Menschen aufgeschreckt, wenngleich nicht

---

[8] Vgl. Institut für Demoskopie Allensbach: Köcher, Prof. Dr. Renate: „Grenzen der Freiheit“ in der FAZ 119 vom 23.Mai 2019; und in den IfD Allensbach Monatsberichten 2019; https://www.ifd-allensbach. 2019

[9] Vgl. Statista Research: „Umfrage zur Meinungsäußerung in Deutschland 2019“; https://de.statista.com. 2023, 5.Mai

[10] Vgl. Institut für Demoskopie Allensbach: Köcher, Prof. Dr. Renate: „Grenzen der Freiheit“ in der FAZ 119 vom 23.Mai 2019; und in den IfD Allensbach Monatsberichten 2019; https://www.ifd-allensbach. 2019

wirklich überrascht. In den Jahren danach gab es weitere Befragungen, die belegen, dass es immer mehr Tabu-Themen zu geben scheint, über welche nicht öffentlich diskutiert werden sollte, um nicht Gefahr zu laufen, ausgegrenzt oder gar lächerlich gemacht zu werden.

Dies ist umso betrüblicher, als für die Deutschen gemäß einer Umfrage des Marktforschungsunternehmens YouGov unter 8.000 Menschen in sieben Staaten die Meinungsfreiheit das wichtigste Menschenrecht sei. Dabei sei die Meinungsfreiheit das einzige Menschenrecht, dass in allen Ländern von mehr als der Hälfte der Befragten als wichtigstes angesehen werde: in Deutschland seien es 66 Prozent, gefolgt von den Rechten auf Privatsphäre, auf kostenlose Bildung, auf faire Gerichtsverfahren, auf bezahlbare Gesundheitsversorgung, auf Bewegungsfreiheit und das Wahlrecht.[11]

In einer neueren Umfrage des MDR, an der sich Ende 2022 rund 27.000 Menschen aus Mitteldeutschland beteiligt haben, fürchteten sich über die Hälfte davor, ihre persönlichen Ansichten öffentlich zu äußern. Insbesondere in sozialen Medien scheinen sich viele offenbar zurückzuhalten.[12] Bei der Frage, wo die Befragten diese Angst vor eigenen Meinungsäußerungen besonders verspüren, wurden die sozialen Medien gefolgt vom Arbeitsumfeld und vom Freundeskreis genannt.

Noch deutlicher fiel bei dieser MDR-Umfrage die Aussage aus, dass man in Deutschland bei manchen Themen sehr vorsichtig sein müsse, wie man sich äußert. 78 Prozent der Befragten stimmten Ende 2022 dieser Sorge zu. Genauso viele fanden, dass bestimmte Themen heutzutage tabuisiert seien.[13] Deshalb

---

[11] Vgl. Statista Research: Nier, Hedda: "Meinungsfreiheit für Deutsche das höchste Gut"; https://de.statista.com. 2016, 7.April

[12] Vgl. MDR fragt: „Jeder zweite hat Hemmungen, seine Meinung zu sagen"; https://www.mdr.de. 2022, 7.Dezember

[13] Vgl. MDR fragt: „Jeder zweite hat Hemmungen, seine Meinung zu sagen"; https://www.mdr.de. 2022, 7.Dezember

ziehen rund 60 Prozent dieser Befragten ein negatives Fazit zum Zustand der Meinungsfreiheit in Deutschland.

Laut dem vom Allensbach-Institut gemessenen „Freiheitsindex" im Jahr 2022 fühlten sich nur noch 45 Prozent der Deutschen frei, ein erschreckend niedriger Wert. „Cancel Culture" ist ein Ausdruck von Intoleranz. Eigentlich sollte die Meinungsfreiheit nicht die Mehrheit und den Mainstream schützen, sondern die Minderheit von Andersdenkenden und die Meinungsvielfalt.

Die Meinungs- und Redefreiheit zählt zu den Grundrechten in demokratisch regierten Staaten. Im deutschen Grundgesetz ist sie im Artikel 5 (1) deutlich geregelt: „Jeder hat das Recht, seine Meinung in Wort, Schrift und Bild frei zu äußern und zu verbreiten und sich aus allgemein zugänglichen Quellen ungehindert zu unterrichten."[14]

Einige Darstellungen und Prognosen des Autors werden wie bereits erwähnt nicht überall auf Zustimmung stoßen, da er offen, klar und ehrlich die gesellschaftlichen und wirtschaftlichen Problemfelder, Risikopotentiale und Gefahrenherde und deren Auswirkungen für die Zukunft Europas beschreibt und in mancher Hinsicht Fehlentscheidungen der Politik darlegt. Es geht ihm dabei nicht darum, Vergangenheitsbewältigung zu betreiben, sondern in erster Linie darum, Lehren aus Fehlern in der Vergangenheit und Gegenwart zu ziehen und rechtzeitig erforderliche Korrekturen vorzunehmen.

Es würde definitiv nicht helfen, Fehlentwicklungen zu verheimlichen oder schönreden zu wollen. Mit Zielrichtung, eine bessere Zukunft zu gestalten, sollten Fehlentscheidungen und Fehlentwicklungen aus der Vergangenheit und deren Ursachen kurz dargestellt werden, dann aber der Fokus auf mögliche Anpassungen und Korrekturen mit deren Auswirkungen gelegt werden. Auch darauf wird der Autor eingehen

[14] Vgl. Deutscher Bundestag: „Grundgesetz. Die Grundrechte"; https://www.bundestag.de. 2023

Besonders wichtig ist es, keine populistischen Gedanken und Aussagen zu verbreiten, sondern die Wahrheit zu kommunizieren, egal ob sie jedem gefällt oder nicht. An dieser Stelle möchte der Autor auf die „Zehn Gebote eines Liberalen“ von Bertrand Russel hinweisen, die er am 16.12.1951 in der New York Times veröffentlicht hat. Russell (1872 bis 1970) ist ein berühmter britischer Mathematiker, Philosoph und Schriftsteller. 1950 wurde er mit dem Nobelpreis für Literatur ausgezeichnet. Hier sind seine zehn Gebote[15]:

1. Fühle dich keiner Sache völlig gewiss.
2. Trachte nicht danach, Fakten zu verheimlichen, denn eines Tages kommen die Fakten bestimmt ans Licht.
3. Versuche niemals, jemanden am selbständigen Denken zu hindern, es könnte dir gelingen.
4. Wenn dir jemand widerspricht und sei es dein Ehepartner oder dein Kind, bemühe dich, ihm mit Argumenten zu begegnen und nicht mit der Autorität, denn ein Sieg der Autorität ist unrealistisch und illusionär.
5. Habe keinen Respekt vor der Autorität anderer, denn es gibt in jedem Fall auch Autoritäten, die gegenteiliger Ansicht sind.
6. Unterdrücke nie mit Gewalt Überzeugungen, die du für verderblich hältst, sonst unterdrücken diese Überzeugungen dich.
7. Fürchte dich nicht davor, exzentrische Meinungen zu vertreten, jede heutige Meinung war einmal exzentrisch.
8. Freue dich mehr über intelligenten Widerspruch als über passive Zustimmung, denn wenn die Intelligenz so viel wert ist, wie sie dir wert sein sollte, dann liegt im Widerspruch eine tiefe Zustimmung.
9. Halte dich an die Wahrheit auch dann, wenn sie nicht ins Konzept passt, denn es passt noch viel weniger ins Konzept, wenn du versuchst, sie zu verbergen.

---

[15] Vgl. Russell, Bertrand: „Zehn Gebote eines Liberalen“ in der Zeitschrift „Aufklärung und Kritik“. 1954, Heft 2

10. Neide nicht denen das Glück, die in einem Narrenparadies leben, denn nur ein Narr kann das für ein Glück halten.

Da diese zehn Gebote eines Liberalen und Wahrheitsfanatikers nicht nur für dieses Buch gelten sollen, sondern allgemein angewandt werden sollten, finden Sie eine Kopie der deutschen Fassung Russells, die in der philosophischen Zeitschrift „Aufklärung und Kritik“ veröffentlicht wurde, im Anhang 1 dieses Buches. Für die Äußerungen in diesem Buch verweist der Autor im Besonderen auf die Gebote zwei, drei, fünf, acht und neun.

## Über den Autor:

Warum hält sich der Autor befähigt und geeignet, ein Buch über die langfristige Zukunft Europas zu verfassen. Seine privaten und beruflichen Erfahrungen, seine wirtschaftlichen, gesellschaftsrelevanten und sozialen Kompetenzen befähigen ihn, aktuelle Entwicklungen und Erkenntnisse deutlich darzustellen und Extrapolationen und Prognosen auch mithilfe von mathematischen Rechenmodellen für die zukünftigen Entwicklungen abzugeben.

Schon in seiner Gymnasialzeit hat sich der Autor intensiv mit politischen, gesellschaftspolitischen, sozialen und wirtschaftlichen Themen befasst. Nach dem wirtschafts- und sozialwissenschaftlichen Studium hat er 47 Jahre lang berufliche Erfahrungen und davon über vierzig Jahre in Führungs- und Top Management-Funktionen in internationalen Weltkonzernen, aber auch in Familien-Unternehmen und selbst in Start-up-Unternehmen und als Unternehmensberater sammeln können.

Diese Kenntnisse des Autors basieren nicht nur auf seinen jahrzehntelangen Erfahrungen in Deutschland, sondern auch auf seinen beruflichen und privaten internationalen Erkenntnissen. Nach seinen ersten dreißig Lebensjahren in

Österreich hat der Autor über 15 Jahre in der Schweiz und danach bisher 25 Jahre mehrheitlich in Deutschland in verschiedenen Städten verbracht. Seine beruflichen Tätigkeiten haben zusammengerechnet zu Aufenthalten von über einem Jahr in Japan, über sechs Monaten in den USA und über acht Monaten in Frankreich geführt. Dazu kamen seine mehrwöchigen Reisen nach China, in andere asiatische und afrikanische Staaten und nach Australien.

Im Rahmen seiner beruflichen und privaten Tätigkeiten hat der Autor mit tausenden Menschen aus allen Bevölkerungsschichten und allen Altersgruppen weltweit und insbesondere in Europa gesprochen und deren Bedürfnisse und Wünsche, aber auch Sorgen und Ängste kennengelernt. Als Österreicher und Schweizer und als in Deutschland lebender Bürger ist der Autor mit Leib und Seele Europäer, dem die Bedürfnisse und Wünsche aller Europäer besonders am Herzen liegen.

Als Vater von zwei Töchtern und als Großvater von bisher zwei Enkelkindern macht sich der Autor nicht nur große Sorgen um den künftigen Wirtschaftsstandort Deutschland, sondern insbesondere um den sozialen Frieden, den gesellschaftlichen Zusammenhalt und um den künftigen Wohlstand in ganz Europa.

Der Autor verzichtet auch in diesem Buch auf eine gendergerechte Schreibweise und bleibt bei einem leserfreundlichen Schreibstil, wenngleich er sich trotzdem bemüht, in Ansätzen gendergerechte Ausdrucksweisen zu verwenden, um allen Lesenden gerecht zu werden.

Egon Minar, im März 2024

# 1.Teil: Der gegenwärtige erkennbare Abstieg Europas

## 1.1 Der geopolitische Abstieg Europas

Es lässt sich nicht mehr leugnen, dass Europa als Kontinent im weltpolitischen Kontext immer mehr an Bedeutung verliert und auch weiter verlieren wird. Dazu ein kurzer historischer Rückblick.

Europa hat das Geschehen auf der Erde einige Jahrtausende lang dominiert. Die bekannten Hochkulturen der Griechen und Römer stammten aus Europa. Auch wenn das Christentum seinen Ursprung im Nahen Osten hatte, so hat sich die größte Weltreligion entscheidend in Europa weiterentwickelt. Von Europa aus wurden große Teile der Erde entdeckt. Nord- und Südamerika sowie Australien wurden in erheblichem Maße von Europäern besiedelt, sodass Bevölkerungsmehrheiten in diesen Kontinenten europäische Vorfahren haben.

Die meisten auf Intelligenz beruhenden Entwicklungen und geistigen Leistungen kamen bis etwa zum Ende des 19.Jahrhunderts aus Europa bzw. von Europäern. Dazu zählen Erfindungen und Entdeckungen, Fortschritte in der Medizin, Entwicklungen auf kulturellen Gebieten wie bei Malerei, Bildhauerei, Literatur, Philosophie und Architektur.

Auch die heute dominierenden wirtschaftlichen Systeme wie einerseits die soziale Marktwirtschaft oder andererseits der Kommunismus und Marxismus hatten ihren Ursprung in Europa. Und die industrielle Revolution, welche die Wirtschaft auf unserem Planeten entscheidend vorangetrieben hat, hat sich zunächst in Europa entwickelt.

Da aber das Sprichwort „Es ist nicht alles Gold, was glänzt" auch hier gilt, haben sich viele negative Entwicklungen ebenfalls in Europa gebildet. Dabei sollen vor allem die imperialistischen Strömungen und Begehrlichkeiten vom 16. bis zum 20.Jahrhundert hervorgehoben werden. Einige europäische Länder, die über entsprechende Seeflotten und Handelsflotten verfügten, haben in der Nachwirkung mehr Nachteile als Vorteile für die eroberten und danach zumeist ausgebeuteten Länder gebracht.

Die schon erwähnte und ursprünglich aus Europa stammende industrielle Revolution seit etwa 1850 hat zu Umweltzerstörungen und zur Erderwärmung geführt, deren negative Konsequenzen erst jetzt in den letzten Jahrzehnten deutlich sichtbar und spürbar geworden sind und sich insbesondere in Klimaveränderungen mit Extremwetter-Szenarien manifestieren.

Aus den eben formulierten Fakten und Feststellungen lässt sich mit Überzeugung behaupten, dass Europa bis etwa zum Ersten Weltkrieg mit klarem Abstand der dominierende Kontinent auf unserem Planeten gewesen war. Dies hat sich im Laufe der ersten Hälfte des 20.Jahrhunderts verändert. Historiker und Wirtschaftsexperten mögen sich darüber streiten, ob der Abstieg Europas vom klaren Nummer-eins-Kontinent vor oder während oder nach dem Ersten Weltkrieg oder gar etwa erst während des Zweiten Weltkriegs stattgefunden hat.

Mittlerweile gilt es als mehrheitlich unbestritten, dass uns Nordamerika und allen voran die Vereinigten Staaten sowie Asien mit China, Japan und anderen östlichen asiatischen Staaten den Rang abgelaufen haben und in vielerlei Hinsicht Europa, das oftmals auch als „der alte Kontinent" bezeichnet wird, überholt haben.

So lässt sich auch nicht mehr ignorieren, dass sich der Fokus mehr und mehr von dem trans-atlantischen Schwerpunkt des 19. und 20.Jahrhunderts in Richtung einer trans-pazifischen Orientierung verschoben hat. Der gegenwärtige US-Präsident Joe Biden und seine Regierung haben zwar im Gegensatz zu Donald Trump ihren Fokus wieder mehr auf Europa, auf die NATO und auf die transatlantische Zusammenarbeit verlagert, um damit stärkere Gegengewichte zur Volksrepublik China und zu Russland zu bilden.

Diese Entwicklung unter der gegenwärtigen US-Regierung wird allerdings nichts daran ändern, dass der asiatische Raum in wenigen Jahrzehnten der dominierende Kontinent in mehrfacher Hinsicht sein wird, da sich nicht nur China, sondern auch Indien und andere asiatische Staaten enorm weiterentwickeln werden. Heute schon sind Indien und die VR China die mit großem Abstand bevölkerungsreichsten Staaten. in wenigen Jahren wird China die weltgrößte Wirtschaftsnation werden.

Darum ist es nicht verwunderlich, dass sich Russland mehr und mehr in Richtung Asien und Afrika orientiert. Dies liegt nicht nur an den gegenwärtigen Sanktionen der EU gegenüber Russland aufgrund des Ukraine-Kriegs, diese Tendenzen haben bereits davor begonnen und sind natürlich auch in den unterschiedlichen Werte- und Ordnungssystemen begründet.

Dazu kommt, dass Europa gegenwärtig immer noch stark die USA als militärische Schutzmacht und als besonders starke Atom-Macht braucht. Ein Beispiel dafür ist der Russland-Ukraine Krieg. Hätten die USA nach der Invasion Russlands in die Ukraine im Februar 2022 nicht so rasch mit massiven Waffenlieferungen an die Ukraine reagiert und danach die EU indirekt mitgezogen, dann wäre die Gefahr sehr groß gewesen, dass die Ukraine trotz allem heroischen Verteidigungswillen rasch überrannt worden wäre.

Aus den Entwicklungen der letzten hundert Jahre ist damit deutlich ersichtlich, dass sich Europa „auf einem absteigenden Ast“ hinsichtlich der geopolitischen Bedeutung und der Beeinflussung des Weltgeschehens befindet. Darum ist es auch verständlich, dass sich Europa gegenwärtig einerseits stärker an die USA anlehnt und verbündet und dass Europa und die EU versuchen eine engere und stärkere Einheit zu werden.

Allerdings ist es fraglich, ob dies auch gelingen wird bzw. bestehen bleiben wird.

Auf Bestrebungen zu einer verstärkten europäischen Außenpolitik und zu gemeinsamen Verteidigungsstrategien wird im dritten Teil dieses Buches eingegangen.

## 1.2 Der wirtschaftliche Abstieg Europas

Der Abstieg Europas in wirtschaftlicher Hinsicht ist weniger klar ersichtlich als der geopolitische Rückgang. Die Gründung der EU hat in der zweiten Hälfte des vorigen Jahrhunderts Europa einen großen wirtschaftlichen Aufschwung gebracht. Dennoch ist auch in punkto weltwirtschaftlicher Bedeutung ein Abstieg Europas unverkennbar.

Die Europäische Union (EU) ist ein Staatenverbund von aktuell 27 europäischen Staaten. Als Vorläufer gilt die Europäische Gemeinschaft für Kohle und Stahl, kurz offiziell EGKS oder zumeist als Montanunion genannt, die 1952 gegründet wurde, um allen damaligen Mitgliedsstaaten Deutschland, Frankreich, Italien, Niederlande, Belgien und Luxemburg Zugang zu Kohle und Stahl zu gewähren, ohne Zoll zahlen zu müssen. Daraus entwickelte sich im Jahr 1957 die Europäische Wirtschaftsgemeinschaft (EWG) zur Förderung der Zusammenarbeit und zur sukzessiven Angleichung der Wirtschaftspolitik. Im Laufe der folgenden Jahrzehnte traten einige europäische Länder dieser Gemeinschaft bei. Mit dem Schengener Abkommen wurden ab 1985 die Binnengrenzen zwischen den Mitgliedsstaaten geöffnet.

Mit dem Vertrag von Maastricht wurde im Jahr 1992 die Europäische Union gegründet und in mehreren Reformverträgen wurden die überstaatlichen Zuständigkeiten der EU ausgebaut. Im Jahre 2002 wurde eine Wirtschafts- und Währungsunion mit 19 EU-Staaten gebildet mit dem Euro als gemeinsamer Währung. Die 27 Länder der EU weisen eine Bevölkerung von insgesamt etwa 450 Millionen Menschen auf.

Mit dem Erstarken der VR China haben sich die Machtverhältnisse in der Weltpolitik und Weltwirtschaft verschoben. Man kann zwar heute noch von drei großen Wirtschaftsblöcken der Weltwirtschaft sprechen, aber im Vergleich gewinnt China an Bedeutung und hat im Jahr 2021 mit 14,99 Billionen Euro erstmals das Bruttoinlandsprodukt (BIP) der EU in Höhe von 14,20 Billionen Euro übertroffen. Im Vergleich dazu lag die USA beim BIP im Jahr 2021 bei etwa 20,2 Billionen Euro noch recht deutlich vor der VR China und der EU.

Vergleich BIP-Entwicklung USA, China, EU pro Kopf von 2000 bis 2020[16]:

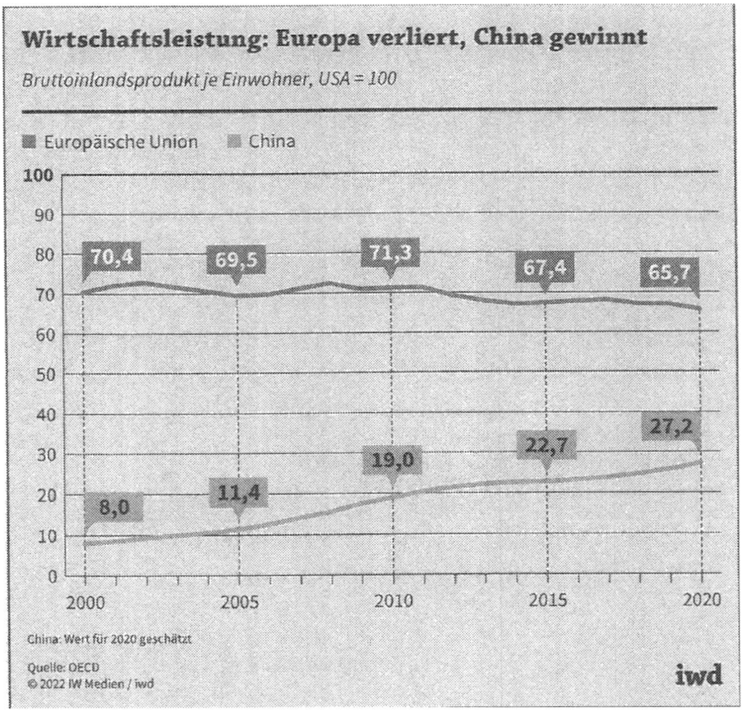


Wenn man die Wirtschaftsentwicklung anhand des BIP je Einwohner seit dem Jahr 2000 heranzieht und dabei die USA, China und Europa vergleicht, dann sieht man in der eben gezeigten Grafik, dass die USA immer noch deutlich vor der EU

[16] Vgl. iwd Informationsdienst des Instituts der Deutschen Wirtschaft: „Wirtschaftsleistung Europa verliert, China gewinnt"; https://www.iwd.de. 2022, 12.April

voran liegen, dass aber China deutlich aufgeholt hat, wogegen die EU auch gegenüber den USA und China im Pro-Kopf-BIP-Vergleich verliert. Die Zahlen stammen vom iwd, dem Informationsdienst des Instituts der deutschen Wirtschaft basierend auf OECD-Zahlen. Das Pro-Kopf-BIP der USA wird in dieser Grafik als Vergleichsbasis auf den Wert 100 gesetzt.

Lag das Pro-Kopf-BIP der EU im Jahre 2000 nur etwa 30 Prozent unter jenem der USA, so hat sich diese Differenz im Jahr 2020 auf 34 Prozent erhöht. Im gleichen Zeitraum wurde die Differenz des Pro-Kopf-BIP zwischen der EU und der VR China im Vergleich zu den USA um etwa 34 Punkte geringer.

Einen weiteren Beweis, dass sich China auf der Überholspur befindet, zeigt die folgende Grafik der Brutto-Investitionen der USA, der EU sowie von China und Japan. Auch dieser Vergleich des iwd basiert auf den Zahlen der OECD[17]:

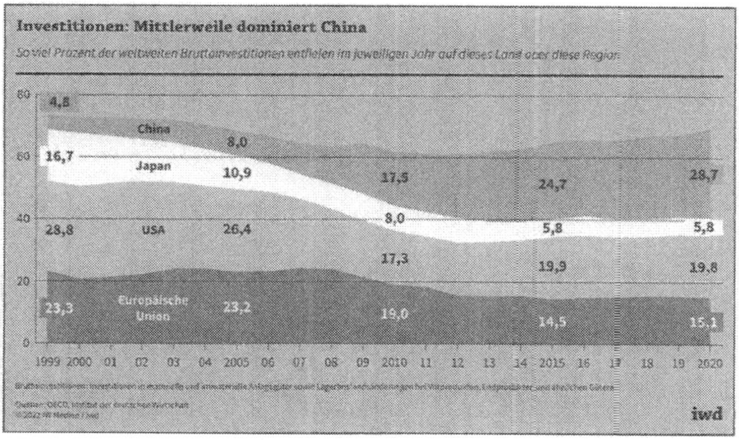


Hat im Jahr 1999 der Anteil Chinas an den weltweiten Bruttoinvestitionen nur 4,8 Prozent betragen, so ist dieser auf

---

[17] Vgl. iwd Informationsdienst des Instituts der Deutschen Wirtschaft: „Wirtschaftsleistung Europa verliert, China gewinnt"; https://www.iwd.de. 2022, 12.April

28,7 Prozent im Jahr 2020 gestiegen. Damit lag die VR China im Jahr 2020 bereits deutlich vor den USA, deren Anteil sich von 28,8 Prozent im Jahr 1999 auf 19,8 Prozent rückentwickelt hat. Der Anteil der EU an den weltweiten Brutto-Investitionen sank im gleichen Zeitraum von 23,3 Prozent auf 15,1 Prozent.

Diese Entwicklung ist nicht verwunderlich, wenn man die Anzahl der weltweiten Patent-Neuanmeldungen vergleicht. Mit gegenwärtig jährlich etwa 1,5 Millionen Patentanmeldungen entfällt nahezu die Hälfte aller neuen weltweiten Anmeldungen auf die VR China.

Noch deutlicher wird der Abstieg Europas und der EU erkennbar, wenn man den Anteil der EU am globalen kaufkraftbereinigten Bruttoinlandsprodukt in der Entwicklung von 1980 bis 2021 betrachtet. Hat der Anteil der EU am weltweiten BIP im Jahr 1980 noch 25,9 Prozent betragen, so ist dieser bis auf 14,9 Prozent im Jahr 2021 gesunken[18]:

Anteil der EU am kaufkraftbereinigten globalen BIP:

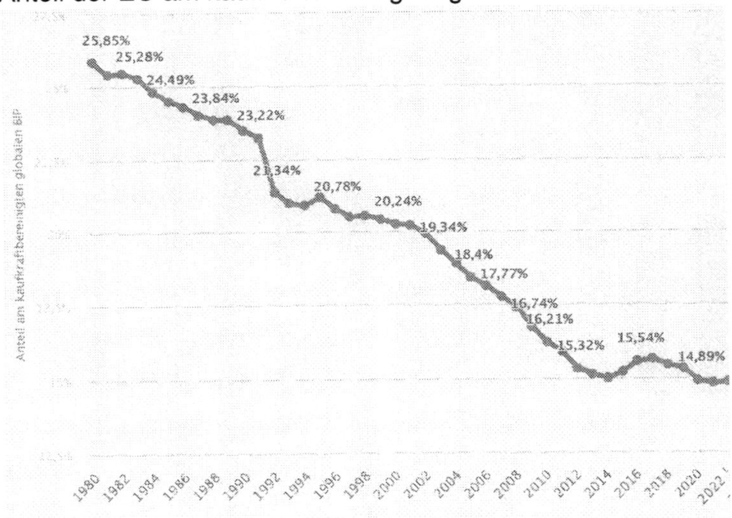


[18] Vgl. Statista Research: „Europäische Union: Anteil am kaufkraftbereinigten globalen BIP von 1980 bis 2022"; https://de.statista.com. 2023, April

Dieser Trend wird sich mit höchster Wahrscheinlichkeit fortsetzen, da sich internationale Wirtschaftsverbunde außerhalb der EU stärker entwickeln werden. Dazu zählt Mercosur, eine internationale Wirtschaftsorganisation in Lateinamerika[19] und insbesondere die Shanghai Corporation Organisation (SCO).[20] Es ist sehr wahrscheinlich, dass in den nächsten zehn Jahren China die USA als weltweit größte Wirtschaftsmacht überholen wird.

Darum ist es nicht verwunderlich, dass sich Russland mehr und mehr in Richtung Asien orientiert. Ein Beispiel dafür ist die Shanghai Corporation Organisation SCO mit Sitz in Peking. Die SCO beschäftigt sich mit der sicherheitspolitischen Zusammenarbeit der Mitgliedstaaten sowie mit Wirtschafts- und Handelsfragen und der Stabilität in dieser Region. Mitgliedstaaten sind gegenwärtig die VR China, die Russische Föderation, Indien, Pakistan, der Iran und die zentralasiatischen ehemaligen Sowjetrepubliken Kasachstan, Kirgistan, Tadschikistan und Usbekistan. Damit vertritt die SCO über 40 Prozent der Weltbevölkerung und ist die weltweit größte Regionalorganisation. Vor Kurzem hat auch die Türkei großes Interesse bekundet Mitglied der SCO zu werden.

Dazu kommt, dass die geringen Geburtenraten in Europa, die daraus resultierende Überalterung und der dadurch verursachte Fachkräftemangel die Wirtschaftskraft Europas im weltweiten Vergleich weiter verringern werden. Weitere Informationen dazu im 2.Teil dieses Buches.

---

[19] Vgl. Wikipedia: „Mercosur"; https://de.wikipedia.org. 2023

[20] Vgl. Wikipedia: „Shanghaier Organisation für Zusammenarbeit"; https://de.wikipedia.org. 2023

## 1.3 Der gesellschaftliche Abstieg Europas

Der gesellschaftliche Abstieg Europas lässt sich bedauerlicherweise an mehreren Entwicklungen feststellen, welche im zweiten Teil dieses Buches noch detaillierter erörtert werden. Auch wenn es diesbezüglich regionale Unterschiede geben mag, so sind die Tendenzen klar erkennbar.

An dieser Stelle sollen die wesentlichen gesellschaftsgefährdenden Entwicklungen nur kurz angeführt werden. Die sinkenden Geburtenraten werden auch durch die immer stärker aufkommenden Gender-Ideologien mitverursacht. Die propagierten Kern-Zielsetzungen der Gender-Ideologien und des Gender-Mainstreamings sind neben der berechtigten Gleichstellung von Frau und Mann die Abschaffung der Ehe und der Kernfamilie, die Reduktion der Reproduktionsraten, die Förderung der Homosexualität und die frühkindliche Erziehung zu sexueller Vielfalt.

Die bereits klar ersichtliche Islamisierung Europas in den letzten zwei Jahrzehnten wird sich durch die hohe Zahl an Zuwanderungen von Flüchtlingen und durch die höheren Geburtenraten von muslimischen Frauen exponentiell steigern. In muslimischen Regionen ist die Gleichstellung von Männern und Frauen sowie von Buben und Mädchen bei Weitem nicht gegeben. Diverse Geschlechtsidentitäten und nicht-heterosexuelle Orientierungen sind im Islam verpönt.

Dazu kommt der klar ersichtliche Verfall an Werten und Sitten, wie der gestiegene Egoismus, wie Respektlosigkeiten in vielerlei Hinsicht, wie der Verfall der Sprache als besonders wichtiges Kulturgut, wie zunehmende Schamlosigkeiten, massiv gestiegener Porno-Konsum und zunehmender Drogen-Konsum.

An dieser Stelle sei auf die Entwicklungen von früheren Hochkulturen und großen Imperien verwiesen: auf

Mesopotamien, auf die Babylonier, auf die alten Ägypter, Griechen und Römer und auf die Inkas.

Bei allen diesen Hochkulturen zeigten sich ähnliche Entwicklungen: zunächst erfolgreiche gesellschaftliche Entwicklungen auf Basis hoher gesellschaftlicher Wertesysteme; erfolgreiche Eroberungen führten zum Wohlstand vieler Menschen; danach kam ein deutlicher Verfall der Werte und Sitten in Richtung Dekadenz mit sexuellen Ausschweifungen und mit der zunehmenden Verwendung von Drogen und schließlich folgte der weitgehende Niedergang und Untergang dieser früheren Hochkulturen.

Auch in Europa zeigen sich am Verfall von Werten und Sitten, an der Betonung von Sexualität und an sexuellen Ausschweifungen und am übermäßigen Konsum von Drogen ähnliche dekadente Entwicklungen, die zum weiteren gesellschaftlichen Abstieg Europas führen könnten und wahrscheinlich auch werden.

Dazu kommt der Verfall der Bedeutung und des Wertes der beruflichen Arbeit. Aufgrund des demografischen Wandels und des zunehmenden Fachkräfte-Mangels werden die Forderungen der jüngeren Generationen nach einer deutlich stärkeren Betonung der Work-Life-Balance in Richtung mehr Freizeiten für das private und soziale Leben immer stärker. Auch dies wird den Wirtschaftsstandort Europa massiv gefährden.

# 2.Teil: Die Fehlentwicklungen in Europa

## 2.1 Deutlich zu geringe Geburtenraten

Eines der größten Probleme Europas - und nicht nur Europas - ist die abnehmende Reproduktion. Zur Erläuterung des Begriffs der Reproduktion, die auch als Geburtenrate oder Fertilitätsrate bezeichnet wird: damit ist die Zahl der Lebend-Geburten einer Frau gemeint; wie viele Kinder gebärt eine Frau heute durchschnittlich im Vergleich zu früher oder im internationalen Vergleich.

Würde man die Zuwanderung ausklammern und würde man von einer Gleichverteilung von weiblichen und männlichen Nachkommen ausgehen, so müsste die Reproduktion einer Frau größer als 2,0 sein, um einen Rückgang der Bevölkerung zu vermeiden. Daneben gibt es auch andere Einflussfaktoren wie die Zuwanderungen bzw. Abwanderungen und die steigende Zahl sogenannter diverser Geschlechter. Die Bedeutung der Reproduktion ist wesentlich für die Weiterentwicklung jeder Gesellschaft und für die Erhaltung deren Grundwerte.

In Europa leben heute etwa 750 Millionen Menschen. Nach dem Zweiten Weltkrieg und besonders seit den 1950er Jahren ist die europäische Bevölkerung stetig gewachsen. Betrug der jährliche Zuwachs im Jahre 1950 noch knapp 1,0 Prozent, so ist das jährliche Wachstum gegenwärtig auf 0,1 Prozent zurückgegangen. Darum müssten schon seit geraumer Zeit die Alarmglocken diesbezüglich läuten. Dieses geringe jährliche Wachstum ist gegenwärtig nur möglich aufgrund einerseits der gestiegenen Zuwanderungen und andererseits aufgrund der gestiegenen Lebensalter, die allerdings zu einer Überalterung unserer europäischen Gesellschaften führen.

De Facto bedeuten diese Zahlen der Bevölkerungsentwicklung, dass es schon heute viele europäische Länder gibt, in denen die Population bereits abnimmt. Noch ist die Bevölkerung in Deutschland aufgrund hoher Zuwanderungszahlen stabil und war in den letzten Jahren sogar leicht steigend. Diese betrug Ende 2022 84,5 Millionen Menschen.[21]

Besorgniserregend für Europa und insbesondere für Deutschland ist die stark zunehmende Überalterung. Die Zahl der Menschen im Rentenalter ab 67 Jahren wird in den 2020er und 2030er Jahren massiv ansteigen, da die geburtenstarken Jahrgänge der Babyboomers ins Pensionsalter kommen. In den 2040er Jahren werden die Zahlen der über 80-Jährigen stark zulegen und steigenden Pflegebedarf bedeuten. Besonders betrüblich sind die Prognosezahlen der Menschen im Erwerbsalter, die in den kommenden fünfzehn Jahren in Deutschland je nach Prognose um 1,6 bis 4,8 Millionen sinken werden.[22] Die Gesamtzahl der Bevölkerung Deutschlands in den kommenden Jahren und Jahrzehnten wird in erheblichem Maße von den Netto-Zuwanderungen abhängen.

In Deutschland betrug die Geburtenrate im Jahre 2022 lediglich 1,46; das heißt, dass jede gebärfähige Frau im Schnitt 1,46 Kinder geboren hat.[23] Nachdem die Geburtenzahl in Deutschland bereits im Jahr 2022 um sehr deutliche 7,1 Prozent gegenüber dem Vorjahr gesunken war, setzt sich dieser Rückgang mit hoher Geschwindigkeit fort. Im ersten Halbjahr 2023 sank die Geburtenzahl um weitere 6,3 Prozent im Vergleich zum Vorjahr.[24] Darum muss gegenwärtig für Deutschland eine Geburtenrate von nur noch 1,37 für das Jahr 2023 prognostiziert werden. Eine wahrlich dramatische und gesellschaftsgefährdende Entwicklung.

---

[21] Vgl. Statistisches Bundesamt: „Bevölkerungsstand: Amtliche Einwohnerzahl Deutschlands"; https://www.destatis.de. 2023, Juni

[22] Vgl. Statistisches Bundesamt: „2035 werden in Deutschland 4 Millionen mehr ab 67-Jährige leben"; https://www.destatis.de. 2022, 2.Dezember

[23] Vgl. Zeit Online: „Zahl der Neugeborenen in Deutschland ist zurückgegangen"; https://www.zeit.de. 2023, 21.Juli

[24] Vgl. Statisches Bundesamt: „Geburtenrückgang setzt sich im Jahr 2023 fort"; https://www.destatis.com. 2023

Im Anhang 2 können Sie die Fruchtbarkeitsraten aller Länder Europas im Jahr 2021 ersehen.[25] Im Durchschnitt aller EU-27 Länder lag damals die Geburtsrate bei 1,53. Besonders besorgniserregend sind die Geburtenraten in den bevölkerungsreichen Ländern Italien und Spanien mit nur 1,25 bzw. 1,19 im Jahre 2021. Ein nicht zu unterschätzender Faktor ist die Tatsache, dass immer mehr Frauen ihr erstes Kind später bekommen. In sechs EU-Staaten sind die Frauen bei der Geburt ihres ersten Kindes im Durchschnitt bereits über 30 Jahre alt.

Ähnliche Ergebnisse zeigt ein europäischer Vergleich nach Lebendgeburten je 1000 Einwohner im Jahr 2021.[26] An der Spitze lagen Island, die Türkei, Kosovo und Irland. Die Schlusslichter waren Portugal und abermals Spanien und Italien. Deutschland befand sich noch im unteren Mittelfeld; siehe dazu Anhang 3.

Diese besorgniserregenden Entwicklungen der Überalterung Europas und Deutschlands und die abnehmende Anzahl von Erwerbsfähigen werden sich laut der Prognosen zur Bevölkerungsentwicklung nicht aufhalten, sondern bestenfalls abmildern lassen. Ohne Nettozuwanderungen könnte sich die Zahl der Menschen im erwerbsfähigen Alter in Deutschland sogar um rund 9 Millionen bis zum Jahre 2035 verringern. Bis zum Jahre 2060 könnte diese Zahl der Erwerbstätigen in Deutschland je nach Höhe der Nettozuwanderungen sogar bis auf 40 Millionen Menschen sinken, verglichen mit heute rund 52 Millionen im erwerbsfähigen Alter.

Da die Lebenserwartung steigt, da die älteren Jahrgänge immer dominanter werden und gleichzeitig die Geburtenraten abnehmen, steigen Durchschnittsalter und Altersquotienten ständig mit gravierenden Auswirkungen auf Bereiche wie den

---

[25] Vgl. Statista Research: „Europäische Union: Fertilitätsraten in den Mitgliedstaaten im Jahr 2021"; https://de.statista.com. 2023, April

[26] Vgl. Statista Research: „Europäische Union: Geburtenraten in den Mitgliedstaaten im Jahr 2021"; https://de.statista.com. 2022, Juli

Arbeitsmarkt, das Gesundheits- und Sozialwesen sowie für den Wohnungssektor.

Sinkende Bevölkerungszahlen bringen erhebliche wirtschaftliche und soziale Probleme mit sich. Sinkt eine Bevölkerung, dann wirkt sich dies mit einer Verzögerung von 15 bis 20 Jahren auf den Arbeitsmarkt aus. Zunächst geht die Zahl der Berufsanfänger zurück und später auch die Gesamtzahl der Arbeitskräfte. Sinkende Arbeitskräfte-Zahlen mögen durch technologische Errungenschaften, durch Digitalisierungen, durch KI und durch verstärkte Robotik einigermaßen kompensiert werden können, während die staatlichen Rentensysteme allergrößte Probleme bekommen werden. Gegenwärtig sind die Infrastrukturen der Industriestaaten eher auf Wachstum als auf Schrumpfung ausgelegt. Die Folgen wären in einigen Jahrzehnten leerstehende Häuser, renovierungsbedürftige Altbauten und Reduktionen von Verbindungen des öffentlichen Nahverkehrs.

Der drohende Bevölkerungsschwund in den meisten hochentwickelten Ländern wird dramatische Folgen für die Wirtschaftskraft haben. Die Pro-Kopf-Verschuldung wird ständig steigen. Um dies zu vermeiden bzw. abzumildern könnten Zuwanderungen, höhere Geburtenzahlen und höhere Renteneintrittsalter helfen, wobei letztere nur einen temporären Effekt hätten. Positiv würden sich sinkende Bevölkerungszahlen auf weniger Ressourcenverbrauch und geringere CO2-Emissionen auswirken.

Die Sozialsysteme und insbesondere die Rentensysteme und die Gesundheitsversorgung sind in den westlichen Industrieländern auf einem sogenannten Generationenvertrag so aufgebaut, dass jetzige Beitragszahler für jetzige Rentenempfänger bezahlen müssen. Die Folgen sind, dass bei Bevölkerungsrückgängen durch nicht bestandserhaltende Geburtenraten weniger Beitragszahler für mehr Empfänger Zahlungen leisten müssen, wodurch wahlweise entweder die Beiträge steigen müssten oder die Leistungen sinken würden.

So leistet beispielsweise der deutsche Staat heute schon erhebliche Zuschüsse in das deutsche Rentensystem. Im Jahr 2022 betrugen diese bereits 107 Milliarden Euro und im Jahr 2024 werden sich diese nach letzten Prognosen sogar auf 117 Milliarden Euro belaufen.

Eine weitere Folge des Bevölkerungsrückgangs ist die Veränderung der früheren bildhaften „Alterspyramide“ in eine „Altersurne“ in Anspielung auf die Vergreisung der Bevölkerung: eine Bevölkerungsstruktur mit wenigen Kindern und wenigen jungen Menschen, aber mit vielen älteren Menschen. Dies hat weitere soziale Folgen, da die Gesellschaft überaltert und kinderarm wird, da folglich in weiterer Zukunft Schulen und Kindergärten schließen würden und gleichzeitig der Bedarf an Pflegepersonal weiter steigen wird.

Vielfach ist auch zu beobachten, dass die Zivilgesellschaften sogar kinderfeindlicher werden oder sich zumindest von Kindern entfremden. Dies ist aber nicht nur auf den natürlichen Bevölkerungsrückgang zurückzuführen, sondern auch auf gesellschaftliche Veränderungen, die gleichzeitig zu den Ursachen des Bevölkerungsrückgangs gehören. Dazu gehört vor allem die Wandlung der gesellschaftlichen Stellung der Frau seit Mitte des letzten Jahrhunderts, von einer vor allem für Haushalt und Kinder zuständigen Person hin zu einer berufstätigen Person, die ihre Bedürfnisse nach Kinderwunsch dementsprechend umgestellt hat.

In jüngster Zeit rücken die mit dem Bevölkerungsrückgang einhergehenden volkswirtschaftlichen und gesellschaftlichen Aspekte mehr in den Fokus wissenschaftlicher Betrachtungen. So wird befürchtet, dass das steigende Durchschnittsalter der erwerbsfähigen Bevölkerung die Leistungs- und Innovationsfähigkeiten und damit auch das Wirtschaftswachstum negativ beeinflussen könnten.

Schätzungen der OECD zufolge kostet der demografische Wandel Deutschland bereits heute ein halbes Prozent

Wirtschaftswachstum pro Jahr, wobei der massive demografische Wandel erst noch bevorsteht, da sich die geburtenstarken Jahrgänge der 1960er Jahre heute noch vielfach im Erwerbsalter befinden. Besorgte Experten befürchten, dass durch diese Entwicklungen den Erwerbstätigen immer größere relative Anteile ihres Einkommens abgenommen werden müssten und dies die Leistungsbereitschaft der Erwerbstätigen möglicherweise untergraben könnte und sogar Abwanderungsprobleme auslösen könnte, welche die negativen Entwicklungen noch verstärken würden.

Die Zahlen der Fortzüge von deutschen Staatsangehörigen zeigen bedauerlicherweise nach 2015 einen deutlichen Anstieg. In den Jahren nach der starken Zuwanderungen ab 2015 sind etwa 1,5 Millionen deutsche Staatsbürger in den sieben Jahren 2016 bis 2022 abgewandert und haben den deutschen Fachkräftemangel weiter verschärft.[27]

Eine spezifische Betrachtung zeigt, dass in den Industrienationen bei den höchstqualifizierten Bevölkerungsgruppen, die verstärkt in die eigene Ausbildung und Karriere und nicht in Familie und Kinder investieren, die Geburtenraten zuerst zurückgehen. Fällt die Geburtenrate bei diesen Bevölkerungsgruppen unter eine Reproduktionsrate von 2,1, so entsteht mit etwa 30-jähriger Verzögerung ein Mangel an hochqualifizierten Fachleuten und Führungskräften.

Dieses Problem ist leider in allen westlichen Industrieländern akut. Daher konkurrieren diese westlichen Industrieländer immer mehr um international verfügbare Fachkräfte. Besonders die Länder des anglo-amerikanischen Raumes haben ihre Migrationspolitik aktiv darauf ausgerichtet, verstärkt qualifizierte Arbeitskräfte anzuwerben. Daraus ergibt sich leider ein Trend zur „De-Qualifizierung“, der die Wettbewerbsfähigkeit Europas weiter schwächen könnte und wahrscheinlich auch wird.

---

[27] Vgl. Bundesamt für Migration und Flüchtlinge: „Migrationsbericht 2022“; https://www.bamf.de. 2023

Es gibt allerdings auch positive Effekte. Im Sinne des globalen Umweltschutzes wird ein Bevölkerungsrückgang sogar als erstrebenswert angesehen, da dadurch einerseits der Ressourcenverbrauch verringert werden würde und andererseits die Verschmutzung und insbesondere die CO2-Emissionen abnehmen würden. Allerdings könnte die Ausdünnung von ländlichen Gebieten und die weitere Urbanisierung auch negative Konsequenzen für die Umwelt mit sich bringen. Als Folge der weiteren Urbanisierung könnten in manchen Gebieten aufgrund einer geringeren und zumeist älteren Bevölkerung viele Versorgungseinrichtungen nicht mehr aufrecht gehalten werden.

Ein langfristiger Rückgang der Geburtenzahlen schlägt sich in einem geringeren Druck auf den Arbeitsmarkt nieder. Da weniger Wettbewerb für die erwerbstätige Bevölkerung herrscht, könnte dies zu höheren Pro-Kopf-Einkommen führen. Aufgrund des Fachkräftemangels zeigt sich ein negativer Effekt für die Wirtschaft darin, dass die Forderungen von jungen qualifizierten Bewerbern nach veränderter Work-Life-Balance immer größer werden, denen Unternehmen immer mehr nachkommen müssen, um Arbeitskräfte an Bord holen zu können.

Aus den gegenwärtigen Entwicklungen lassen sich folgende Prognosen zu Bevölkerungsentwicklungen in Europa für die kommenden Jahrzehnte bis 2050 darstellen:

- Die Geburtenraten werden in allen europäischen Ländern weiterhin sinken und sich auf Werte zwischen 1,1 und 1,3 einpendeln.

- Die Folgen sind weniger Beschäftigte aus eigenen Geburten. Dank technologischer Entwicklungen durch weitere Digitalisierungsschritte, dank KI und Robotik wird sich die Produktivität verbessern und manche Beschäftigten-Defizite ausgleichen lassen.

- Aufgrund weiterer massiver Zuwanderungen werden die Bevölkerungszahlen in Europa trotz deutlich abnehmender Geburtenraten nur leicht sinken.

- Die Integrationen von Zugewanderten in die europäischen Arbeitsmärkte werden sich verstärken müssen. Dadurch werden geringere Ausbildungsstandards akzeptiert werden. Da die finanziellen Handlungsräume der Staatskassen begrenzt sein werden, werden die Bildungsbudgets weiterhin unter den Bedürfnissen bleiben.

- Dies wird die Bedürfnisse nach hochqualifizierten Fachkräften nicht genügend erfüllen und negative Einflüsse auf die Innovations- und Qualitätsstärke vieler europäischer Staaten haben. Der Mangel an Pflegekräften wird weiterhin steigen. Mehr dazu in den Kapiteln 2.2 und 2.3.

- Da auch andere Regionen ähnliche Bevölkerungsentwicklungen zeigen werden, werden besonders qualifizierte europäische Arbeitskräfte nach Nordamerika oder Ostasien abgeworben werden.

- Die Rentenkassen in vielen europäischen Ländern werden in den kommenden Jahren immense Finanzierungsprobleme bekommen und hoher Zuschüsse aus dem Staatshaushalt bedürfen. Darum werden die Renteneintrittsalter auf mindestens 70 Jahre steigen müssen. Die Umstellungen auf höhere Selbstvorsorge und alternative Finanzierungsmodelle werden noch keine besonderen positiven Effekte zeigen.

Aufgrund der zunehmenden Islamisierung Europas und der abnehmenden Relevanz der Gender-Ideologien (mehr dazu später) werden sich gemäß den Prognosen des Autors nach

2050 die europäischen Geburtenraten wieder in Richtung 1,5 bis 1,8 bewegen.

Dank weiterer technologischer Entwicklungen bei KI und Robotik werden die Bedürfnisse des Arbeitsmarkts nur teilweise erfüllt werden. Der Mangel an hochqualifizierten Fachkräften wird noch größer werden. Die weltweiten Innovations- und Qualitäts-Bedürfnisse werden nicht ausreichend in Europa bedient werden können. Dies wird im besonderen Maße Deutschland treffen.

Die Defizite der Rentenkassen werden hoch bleiben und die Renteneintrittsalter werden je nach Entwicklung der durchschnittlichen Lebensalter weiter ansteigen müssen.

## 2.2 Weiter steigender Fachkräfte-Mangel

Viele europäische Länder leiden schon gegenwärtig an einem großen Mangel an qualifizierten Fachkräften. Aufgrund des demografischen Wandels und aufgrund zu geringer Geburtenraten (siehe Kapitel 2.1) ist absehbar, dass der Fachkräfte-Mangel weiter steigen wird. An dieser Stelle sollen beispielhaft die Zahlen aus Deutschland genannt werden.

Der Fachkräftereport der Deutschen Industrie- und Handelskammer (DIHK) sprach in ihrem Report im Januar 2023 von zwei Millionen Stellen, welche damals unbesetzt blieben. Dadurch würde ein Wertschöpfungspotenzial von nahezu 100 Milliarden Euro verloren gehen.[28] [29]

Wenn man diesbezüglich die Anzahl der fehlenden Fachkräfte analysiert, dann zeigen sich gegenwärtig Mankos von 500.000 bis 800.000 Fachkräften, je nachdem ob man die fehlenden Pflegekräfte hinzurechnet. Eine aktuelle Auswertung von Arbeitsmarktdaten des Instituts der Deutschen Wirtschaft (IW) spricht von 540.000 unbesetzten Fachkräfte-Stellen.[30] Allein in den deutschen MINT-Branchen fehlten im Frühjahr 2023 etwa 300.000 Facharbeitskräfte.[31] MINT steht als Abkürzung für Mathematik, Information, Naturwissenschaften und Technik.

Mit dem Ausscheiden der geburtenstarken Generation der Babyboomer in den kommenden Jahren wird sich der Fachkräftemangel in Deutschland massiv verschärfen. Dies wird insbesondere den Mangel an Pflegekräften deutlich vergrößern.

---

[28] Vgl. Handelsblatt: Olk Julian und Specht, Frank: „Fachkräftemangel. Zwei Millionen Stellen in Deutschland bleiben unbesetzt“; https://www.handelsblatt.com. 2023, 12.Januar

[29] Vgl. Süddeutsche Zeitung: Preuß, Roland: „Unternehmen können zwei Millionen Stellen nicht besetzen“; https://www.sueddeutsche.de. 2023, 12.Januar

[30] Vgl. WirtschaftsWoche: Regniet, Thomas: „Wenn Unternehmen das Personal ausgeht – Ein Überblick zum Fachkräftemangel“; https://www.wiwo.de. 2023, 12.April

[31] Vgl. Frankfurter Rundschau: Huber, Patricia: „300.000 Fachkräfte fehlen: In welcher Branche der Mangel besonders groß ist“; https://www.fr.de. 2023, 31.Mai

Der Hauptgrund für den deutschen Fachkräfte-Mangel liegt im demografischen Wandel und in den zu geringen Geburtenraten. Kurz- und mittelfristig lassen sich die zu geringen Geburtenraten nicht beheben. Darum bleiben als kurz- und mittelfristige Auswege zwei Ansätze: erstens, die Qualifizierung von zu wenig qualifizierten Arbeitslosen und zweitens, die Zuwanderung von Fachkräften bzw. die Qualifizierung von Zugewanderten.

Da Deutschland das im Grundgesetz verankerte Asylrecht ebenso respektieren sollte wie die Schutzbestimmungen der Genfer Flüchtlingskonvention, werden die Zuwanderungen in den kommenden Jahrzehnten hoch bleiben; siehe dazu mehr in späteren Kapiteln. Dennoch sind diesbezüglich Begrenzungen, europaweite Lösungen und ein praktikabler europäischer Verteilungsschlüssel anzustreben.

Um die Anzahl der Beschäftigten in Deutschland und insbesondere der Fachkräfte aus Zuwanderungen zu erhöhen und diese zu Fachkräften zu qualifizieren, hat Deutschland im Juni 2023 das Fachkräfte-Einwanderungsgesetz beschlossen.[32] Diesbezüglich müssen die Bildungs-Investitionen insbesondere in Deutschland deutlich erhöht werden.

Leider hinkt Deutschland im weltweiten und europäischen Vergleich bei den Bildungsausgaben in Relation zum BIP hinten nach. Während viele Länder Bildungsausgaben in Höhe von über bzw. um sechs Prozent aufweisen, steht Deutschland im internationalen Vergleich mit 4,6 Prozent recht bescheiden da. Die Grafik im Anhang 4 gibt einen Überblick der Bildungsausgaben in den OECD-Staaten im Jahr 2020.[33] Die Relationen haben sich seither kaum verändert.

---

[32] Vgl. Deutschlandfunk: „Fachkräfteeinwanderungsgesetz. Warum Arbeitskräfte fehlen und was dagegen getan wird"; https://www.deutschlandfunk.de. 2023, 23.Juni

[33] Vgl. Statista Research: „Anteil der Ausgaben für Bildungseinrichtungen in den OECD-Staaten am jeweiligen BIP im Jahr 2020"; https://de.statista.com. 2023, September

Neben massiv erhöhten Bildungsausgaben zur Qualifizierung von Zugewanderten sollte Deutschland seine bürokratischen Anforderungen zu Bildungsnachweisen herunterschrauben und anpassen, um kurzfristig mehr Fachkräfte aus dem Potenzial der Flüchtlinge zu generieren. Neben einer deutlich besseren Integration von Zugewanderten und einer Ausbildungsoffensive bedarf es aber auch verstärkter Assimilierungs-Anstrengungen seitens der Zugewanderten mit dem Ziel, diese in den deutschen Arbeitsmarkt langfristig integrieren zu können.

Langfristig wären allerdings höhere Geburtenraten sicherlich die beste Lösung, um die hohen Fachkräfte-Bedürfnisse der deutschen Wirtschaft auch in weiter Zukunft erfüllen zu können und um Deutschland als führenden Standort für innovative und hochqualitative Produkte und Dienstleistungen erhalten zu können.

Aufgrund der zu geringen Geburtenraten in nahezu allen führenden Industrienationen wird die internationale Nachfrage nach gut ausgebildeten Fachkräften massiv steigen. Aufgrund seiner Wirtschaftsstärke wird die USA künftig noch mehr Fachkräfte aus Europa anlocken. Auch China wird seine Anstrengungen verstärken, nicht nur Fachkräfte aus Ostasien, sondern auch aus Europa zu holen.

Bei der Betrachtung und Analyse der gegenwärtigen und künftigen Fachkräfte-Bedürfnisse sollten die Erfordernisse nach besonders gut ausgebildeten Spitzen-Fachkräften und jene nach ausreichend qualifizierten Fachkräften unterschieden werden.

Es ist absehbar, dass aufgrund der Zuwanderungen und aufgrund feststellbarer geringerer Ausbildungsstandards in deutschen Schulen die generellen Bildungslevels sinken werden und damit auch die Standards für Fachkräfte. Dazu kommt, dass Geflüchtete bzw. Zugewanderte sehr oft über nicht ausreichend gute deutsche Sprachkenntnisse verfügen.

Dennoch werden solchermaßen ausgebildete Menschen als ausreichend qualifizierte Fachkräfte eingesetzt werden können. Andererseits wird es in Deutschland so wie in vielen anderen europäischen Ländern immer weniger hochqualifizierte Spitzen-Fachkräfte geben. Die besten von ihnen werden immer mehr in Länder auswandern, in denen sie ihre Kennnisse einsetzen können und entsprechend gefordert und bezahlt werden.

Positiv werden sich in Bezug auf Fachkräfte-Bedürfnisse unterstützende neue Technologien auswirken, wie die weiter fortschreitende Digitalisierung sowie die KI und Robotik. Dagegen werden die gegenwärtigen Bestrebungen nach veränderten Work-Life-Balances in Richtung weniger Zeitanteile für berufliches Arbeiten und mehr Zeit für das private und soziale Leben negative Folgen für die europäischen Wirtschaftsstandorte haben. Diesbezüglich muss erwähnt werden, dass die massiven Bestrebungen nach veränderten Work-Life-Balances in Europa und bedauerlicherweise auch in Deutschland besonders ausgeprägt sind.

Ähnlich wie bei den Fachkräfte-Bedürfnissen in den europäischen Ländern zeigen sich immer größere Mankos an benötigten Pflegekräften.

## 2.3 Der Bedarf an Pflegekräften wird massiv steigen

Die europäischen Gesellschaften leiden schon heute an einer zunehmenden Überalterung und Vergreisung. Dies wird den bereits existierenden Mangel an Pflegekräften massiv verstärken.

Beispielhaft für Europa sollen auch an dieser Stelle einige Kennzahlen für Deutschland angeführt werden[34]. Es ist anzunehmen, dass die Situation in vielen anderen europäischen Ländern aufgrund des ähnlichen demografischen Wandels vergleichbar ist. In Deutschland waren im Jahre 2022 knapp 1,7 Millionen Pflegekräfte beschäftigt, davon rund 1,04 Millionen in der Krankenpflege und etwa 0,63 Millionen in der Altenpflege. In Summe machen diese Pflegekräfte somit etwa vier Prozent der Beschäftigten in Deutschland aus. Altenpflegekräfte arbeiten zu knapp 65 Prozent in Teilzeit. Zur Abmilderung des Fachkräftemangels setzt die Pflegebranche zunehmend ausländische Arbeitskräfte ein.[35]

In Deutschland sind gegenwärtig etwa 4,9 Millionen Menschen pflegebedürftig. Im Sinne des Pflegeversicherungsgesetzes sind dies jene Menschen, die wegen gesundheitlichen Beeinträchtigungen der Selbständigkeit oder der Fähigkeiten dauerhafter Hilfe bedürfen. Knapp zwei Prozent der 60- bis 70-Jährigen erhalten eine Betreuung nach dem Pflegeversicherungsgesetz, bei den 70- bis 80-Jährigen sind es bereits knapp sieben Prozent. Bei den 80- bis 90-Jährigen werden rund 24 Prozent als pflegebedürftig eingestuft und bei den über 90-Jährigen etwa 54 Prozent.

Dies erklärt auch deutlich, warum durch die Überalterung der deutschen Bevölkerung der Pflegebedarf weiterhin deutlich

---

[34] Vgl. Statista Research: Radtke, Rainer: „Pflege in Deutschland – Zahlen und Statistiken:“; https://de.statista.com. 2022, 28.November

[35] Vgl. Bundesagentur für Arbeit: „Arbeitsmarktsituation im Pflegebereich“; https://statistik.arbeitsagentur.de. 2022, Mai

steigen wird. Für das Jahr 2050 werden rund 6,5 Millionen Pflegebedürftige in der sozialen Pflegeversicherung erwartet, rund 33 Prozent mehr als heutzutage.

Etwa ein Drittel der Pflegebedürftigen ist hochbetagt mit überwiegendem Frauenanteil. Rund vier von fünf Pflegebedürftigen in Deutschland werden zu Hause versorgt. Meist erfolgt die Pflege durch pflegende Angehörige und dabei werden sie durch einen ambulanten Pflegedienst unterstützt. Bewohnerinnen und Bewohner in Pflegeheimen machen rund ein Fünftel der pflegebedürftigen Menschen aus. Das Personal in den Pflegeeinrichtungen ist größtenteils weiblich. Der Frauenanteil in der Krankenpflege beträgt etwa 80 Prozent und in der Altenpflege rund 83 Prozent. Der Anteil der ausländischen Arbeitskräfte in der Krankenpflege beläuft sich gegenwärtig auf etwa neun Prozent und in der Altenpflege auf rund 15 Prozent. In der Krankenpflege sind 43 Prozent teilzeitbeschäftigt und in der Altenpflege immerhin 55 Prozent.

In Deutschland gibt es etwa 16.100 Pflegeheime und rund 15.400 ambulante Pflegedienste. Heute ist im Durchschnitt jeder zweite Mann in Deutschland mindestens einmal pflegebedürftig, bei den Frauen sind es zwei Drittel.

Berechnungen zeigen, dass bereits heutzutage rund 200.000 Pflegekräfte in Deutschland fehlen. Gleichzeitig steigt die Anzahl der Pflegebedürftigen weiterhin deutlich an. Die Prognosen im Pflegereport der Bertelsmann Stiftung belegen, dass die Zahl der Pflegebedürftigen bis 2030 auf etwa sechs Millionen Menschen ansteigen wird.[36] Schon heute wissen wir, dass im Jahre 2030 etwa 500.000 Pflegekräfte fehlen werden, davon allein über 300.000 in der stationären Pflege. Die Ursachen für den Mangel an Pflegekräften sind vielfältig. Die hohen Belastungen, sowohl in emotionaler als auch in psychischer Hinsicht, schrecken viele junge Arbeitnehmerinnen

---

[36] Vgl. BertelsmannStiftung: „Pflegereport 2030. Die Versorgungslücke in der Pflege wächst"; https://www.bertelsmann-stiftung.de. 2021

und Arbeitnehmer ab. Dazu kommt, dass ausgebildetes Personal häufig den Berufszweig wegen dieser hohen Belastungen wechselt. Daneben spielt auch der hohe Anteil an Teilzeitbeschäftigten eine große Rolle.

Leider hat sich der Personalmangel bei den Pflegefachkräften in den Krankenhäusern in den vergangenen Jahren weiter verschärft. Dazu kommt, dass die geburtenstarken Jahrgänge der 1960er Jahre demnächst das Rentenalter erreichen. Die größten Probleme im Pflegebereich sind die fehlenden professionell ausgebildeten Pflegenden, die schlechten Rahmenbedingungen für die Pflegekräfte mit immer noch zu geringer Entlohnung und zu hohe psychische und emotionale Belastungen, die mangelnde Finanzierungsbereitschaft und die geringe Wertschätzung für den Beruf der Pflegekräfte und für die Pflegenden.

Die Schlussfolgerungen des schon zitierten Bertelsmann Reports laufen darauf hinaus, dass die drohenden Versorgungslücken gerade in der Altenpflege sich nicht durch professionelle Pflege in Altenheimen decken lassen. Darum sollte der ambulanten Pflege höchste Bedeutung zugemessen werden, auch unter Integration von zivilgesellschaftlichen Engagements.

Ähnlich wie bei den Bestrebungen zur Bewältigung des Fachkräfte-Mangels werden auch die Bemühungen steigen, deutlich mehr Pflegekräfte aus dem Potenzial der Geflüchteten und der sonstigen Zugewanderten zu generieren. Es ist anzunehmen, dass einerseits aufgrund der immer größer werdenden Menge an zu betreuenden Pflegefällen und andererseits aufgrund sinkender Ausbildungsstandards bei Zugewanderten die Qualität der medizinischen und pflegerischen Versorgung erheblich sinken wird, aber vermutlich noch ausreichend sein könnte.

Hilfestellungen und Unterstützungen werden durch KI und Roboter kommen, wenngleich viele pflegerische Leistungen auch in den kommenden Jahrzehnten manuell durch entsprechend ausgebildete Pflegende getätigt werden müssen. Da die Kosten für die Pflegeaufwendungen weiterhin deutlich steigen werden, werden sich viele betagte Menschen eine Pflege in Alten- und Pflegeheimen nicht leisten können.

Es ist anzunehmen, dass die deshalb erforderliche Zuhause-Betreuung durch eigene Angehörige bzw. durch ehrenamtlich tätige Personen anteilsmäßig steigen wird. Dieser Trend wird sich auch durch die zunehmende Islamisierung verstärken. In muslimischen Familien werden schon traditionsbedingt deutlich mehr ältere Menschen zuhause gepflegt.

## 2.4 Die wachsende Islamisierung Europas

Seit einigen Jahren wächst der Anteil von Menschen muslimischen Glaubens in Europa mit großen Schritten. Zu dieser Entwicklung tragen insbesondere die sinkenden Geburtenraten und die stark gestiegene Anzahl von Flüchtlingen aus muslimischen Ländern und insbesondere aus Syrien, Afghanistan und Irak bei.

Muslimische Frauen weisen deutlich höhere Geburtenraten auf als Christinnen bzw. Nicht-Musliminnen. Im Islam haben die Gender-Ideologien und das Gender-Mainstreaming kaum Relevanz. In einem späteren Kapitel werden die Auswirkungen und Folgen der Gender-Ideologien noch ausführlich behandelt werden.

An dieser Stelle soll bereits festgehalten werden, dass die Gender-Ideologien die Ehe und Kernfamilie abschaffen und die Geburtenraten senken wollen, damit Frauen möglichst jederzeit einer Erwerbstätigkeit nachgehen können. Die Homosexualität soll gefördert werden, da es dabei zu keiner Empfängnis kommt. Die Konsequenzen daraus sind, dass der muslimische Bevölkerungsanteil exponentiell wachsen und die Islamisierung Europas mit Riesenschritten fortschreiten wird.

Das im Grundgesetz verankerte Asylrecht ist vollumfänglich zu respektieren und die moralischen und ethischen Verpflichtungen nach der Genfer Flüchtlingskonvention sind in sinnvoller Weise zu erfüllen. Aufgrund der gegenwärtig zu geringen Geburtenraten bedarf Europa und insbesondere Deutschland ohnedies einer gewissen Zuwanderung, um die Bedürfnisse der Arbeitsmärkte zu befriedigen.

Auch wenn bisher in erster Linie Flüchtlingsströme aus dem Vorderen und Mittleren Osten im Fokus standen, so wird sich dies in einigen Jahren gewaltig ändern. Dann werden sich aller Wahrscheinlichkeit nach massive Flüchtlingsströme aus Afrika nach Europa bewegen. Darauf wird später noch ausführlich eingegangen werden.

Die zu erwartenden starken Flüchtlingsströme werden zu einer noch rascheren Islamisierung Europas mit immanenten hohen Risikofaktoren führen. Der Autor betont die Religionsfreiheit, warnt allerdings vor einigen Entwicklungen aufgrund immer größerer Anteile von Menschen muslimischen Glaubens in Europa.

In muslimischen Gesellschaften und Kulturen zeigen sich wesentlich größere Ungleichheiten. Die Gleichberechtigung und Gleichstellung von Mann und Frau ist in diesen Regionen bei Weitem noch nicht erreicht. In muslimisch geprägten Kulturen sind die sexuelle Vielfalt, wie vom Gender-Mainstreaming gefordert, und insbesondere die Homosexualität nicht nur verpönt, sondern werden häufig bestraft. Die Gleichberechtigung und Gleichstellung von Frauen und Männern sowie von Mädchen und Jungen ist in muslimischen Ländern nicht gegeben oder liegt zumeist auf dem Stand in westlichen Kulturen vor der Mitte des 19.Jahrhunderts.

Ein besonders großes Risikopotential liegt in der gewaltigen Veränderung unserer traditionellen westlichen Kulturen mit ihren Wertvorstellungen, die seit über 1.500 Jahren im Wesentlichen vom Christentum geprägt sind. Noch leben in Europa mehrheitlich Christen, die zwar tendenziell einen eher lockeren Umgang mit ihrer Religion pflegen, aber dennoch gemäß den traditionellen Werten erzogen worden sind.

Bevölkerungsprognosen zeigen, dass innerhalb der nächsten fünfzig Jahre die meisten europäischen Millionenstädte einen muslimischen Anteil von größer als fünfzig Prozent aufweisen werden und dass es nicht unwahrscheinlich wäre, wenn bis zum Jahre 2100 sehr viele europäische Staaten mehrheitlich von Muslimen oder muslimischen Parteien regiert würden. Der französische Autor Michel Houellebecq hat in seinem bekannten Roman „Unterwerfung“ bereits im Jahre 2015 eine französische Regierung unter muslimischer Führung ab dem Jahre 2022 beschrieben.[37] Dies erwies sich als einige Jahre verfrüht zu sein, aber für den Autor wäre es keine Überraschung, sollte in drei weiteren Wahlperioden Frankreich im Jahre 2037 einen muslimischen Präsidenten wählen.

Es wäre dann nur allzu natürlich, dass sich dadurch in Europa die christliche Kultur innerhalb einiger Jahrzehnte mehr und mehr in eine muslimisch geprägte Kultur wandeln würde mit muslimischen Werten, mit eher männer-dominierenden Verhaltensweisen und mit Rechtsnormen, die sich immer mehr der Scharia anpassen würden. Diesbezüglich sei an die gegenwärtigen Entwicklungen in Afghanistan und im Iran erinnert, an Länder, in denen es vor sechzig Jahren noch westlich orientierte Monarchien gab.

Wie allseits bekannt, haben die Religionen und ihre Vertreter bei den Muslimen eine viel größere Bedeutung und wesentlich mehr Einfluss auf das tägliche Leben als christliche Religionen. Nicht zuletzt besuchen prozentuell wesentlich mehr Muslime das wöchentliche Freitagsgebet als Christen die Sonntagsmesse.

Wenn man die Bevölkerungsentwicklungs-Prognosen betrachtet, dann sollte jedem richtig bange werden um das christliche Europa mit seinen christlichen Werten und seiner westlichen Kultur.[38] [39] Beispielhaft soll an dieser Stelle die Entwicklung der muslimischen Bevölkerung in Deutschland dargestellt werden.

Im Jahre 2008 gab es 1,8 Millionen Muslime in Deutschland mit einem Bevölkerungsanteil von etwa zwei Prozent. Bis zum Jahre 2015 hat sich die muslimische Bevölkerung in

---

[37] Vgl. Houllebecq, Michel: „Unterwerfung"; DuMont Verlag. ISBN: 978-3832197957. 2015, 2.Februar

[38] Vgl. Pew Research Center: „Pew-Studie: Islam wächst am schnellsten"; https://www.erfan.ir. 2017

[39] Vgl. Basler Zeitung: Tibi, Bassam: „Die verdeckte Islamisierung Europas"; https://www.bassamtibi.de. 2016, 11.Oktober

Deutschland auf 4,5 Millionen erhöht mit einem Anteil von etwa 5,5 Prozent. Ende 2022 lebten bereits 5,5 Millionen Muslime in Deutschland mit einem Bevölkerungsanteil von knapp sieben Prozent.[40] Dabei sind die zu erwartenden Effekte aus Familienzusammenführungen und Familiennachzug noch nicht in vollem Maße sichtbar.

Rechnet man einfach hoch: von 2008 bis 2022 hat sich die muslimische Bevölkerung in Deutschland von 1,8 Millionen auf 5,5 Millionen verdreifacht. Würde sich durch weitere massive Zuwanderungen von Flüchtlingen eine ähnliche Entwicklung in den weiteren Jahren zeigen, dann könnte die muslimische Bevölkerung in Deutschland im Jahre 2035 bereits bei über 16 Millionen liegen mit einem Bevölkerungsanteil von 20 Prozent.[41]

Zieht man allerdings die Studien des renommierten Pew Research Centers in Washington heran, dann sind die Zahlen nicht ganz so dramatisch, aber immer noch erschreckend genug. So zeigt die Pew Studie bei einer angenommenen mittleren Zuwanderungsrate, dass sich die muslimische Bevölkerung in Deutschland im Jahre 2050 auf 8,5 Millionen entwickeln würde mit einem Bevölkerungsanteil von elf Prozent.[42] Bei starken Zuwanderungsraten wie in den vergangenen Jahren oder bei bewusster Forcierung der Zuwanderung mit dem Ziel, die Zahl der Erwerbstätigen einigermaßen stabil zu halten, erwartet die Pew Studie für das Jahr 2050 17,5 Millionen Muslime in Deutschland mit einem Bevölkerungsanteil von über 20 Prozent. Damit hätte Deutschland die meisten Muslime in Europa und der muslimische Bevölkerungsanteil wäre noch größer als jener von Frankreich mit 18 Prozent. Gemäß Pew läge der muslimische Bevölkerungsanteil im Jahre 2050 am höchsten in Schweden mit 31 Prozent.

---

[40] Vgl. Deutsche Islam Konferenz: „Daten und Fakten über den Islam in Deutschland"; https://www.deutsche-islam-konferenz.de. 2023, 29.Juni

[41] Vgl. Berliner Morgenpost: Wienand, Lars: „Drei Modelle: So viele Muslime leben 2050 in Deutschland"; https://www.morgenpost.de. 2017, 30.November

[42] Vgl. Pew Research Center: „Europas wachsende muslimische Bevölkerung"; https://www.pewresearch.org. 2017, 29.November

Allerdings berücksichtigt die Pew Studie nicht die Unterschiede bei den gegenwärtigen und erwarteten Geburtenraten von Musliminnen im Vergleich zu Christinnen bzw. Nicht-Musliminnen. Insgesamt bestärkt die internationale Pew Studie trotzdem die Befürchtungen, dass Europa im Jahre 2100 fest in muslimischer Hand sein würde.

Der Autor hat zur Frage der Entwicklung der Islamisierung in Deutschland eigene mathematische Rechenmodelle angestellt und diesbezüglich verschiedene unterschiedliche Parameter angewandt: bei der Entwicklung der deutschen Geburtenrate Werte von 1,1 bis 1,4 je gebärfähiger Frau; bei der Entwicklung der Geburtenrate muslimischer Frauen Werte zwischen 2,0 bis 2,5 (gegenwärtig dürfte diese eher bei drei bis vier liegen); künftige jährliche Zuwanderungen von vornehmlich muslimischen Flüchtlingen in Höhen von 200.000 bis 400.000 Menschen; jährliche Abwanderungen von vornehmlich gut ausgebildeten und qualifizierten Personen in Höhen von 100.000 bis 200.000 Personen (im Zeitraum 2015 bis 2022 waren dies 1,5 Millionen Menschen, sprich etwa 200.000 pro Jahr); leicht steigende Lebensalter: plus ein Jahr längere durchschnittliche Lebensalter je fünf Jahre; Einbürgerungen nach durchschnittlich fünf bis sieben Jahren.

Bei Anwendung der eben genannten Parameter dürfte im schlimmsten Fall Deutschland bereits etwa um das Jahr 2090 muslimische Bevölkerungsmehrheiten zeigen, im besten Fall etwa im Jahr 2120. Damit könnte Deutschland neben Schweden und Österreich zu den ersten Ländern mit muslimischen Bevölkerungsmehrheiten zählen.

Interessant ist, dass in praktisch allen Ländern der muslimische Bevölkerungsanteil deutlich höher eingeschätzt wird als dieser tatsächlich ist. So schätzten die Deutschen in einer vom britischen Meinungsforschungsinstitut Ipso Mori durchgeführten Studie einen muslimischen Bevölkerungsanteil von 21 Prozent, während dieser damals bei sieben Prozent lag.[43] Aber Deutschland ist mit einer solch gravierenden Fehleinschätzung nicht allein gelegen. Die Franzosen schätzten einen muslimischen Bevölkerungsanteil von 31 Prozent, während der reale Anteil bei knapp acht Prozent lag. In den USA war die Abweichung zwischen geschätztem und realem Anteil noch wesentlich krasser. Es wurde ein muslimischer Bevölkerungsanteil von 17 Prozent geschätzt, der reale Anteil lag bei nur einem Prozent.

Doch warum wurde der muslimische Bevölkerungsanteil so viel höher eingeschätzt als der reale Anteil tatsächlich war. Die Gründe dafür könnten sein, dass Muslime in ihrem generellen Auftreten als dominanter und lauter gesehen werden, dass die Kriminalitätsrate bei Muslimen doch deutlich höher liegt als bei der nicht-muslimischen Bevölkerung und besonders, dass Muslime insgesamt als wesentlich gefährlicher für die Gesellschaft, für Mitmenschen und für die staatlichen Institutionen gesehen werden. Dies wurde durch die schon eben genannte internationale Pew Studie bestätigt. So sahen 71 Prozent der Bevölkerung in Europa eine gewisse Bedrohung durch Flüchtlinge aus muslimischen Ländern.

Aufgrund der hohen Flüchtlingszahlen steigt der Anteil von muslimischen Kindern und Jugendlichen in den europäischen Schulen. Auf deren schwächere Sprachkenntnisse muss Rücksicht genommen werden, wodurch vielfach die erforderlichen Unterrichtsziele nicht erreicht werden können und die Ausbildungsstandards in den Schulen folglich sinken.

Erschwerend kommt für Flüchtlinge aus dem Nahen und Mittleren Osten hinzu, dass das Erlernen einer europäischen Sprache deutlich schwieriger ist als für Zuwanderungswillige aus anderen europäischen und westlichen Regionen mit einer größeren sprachlichen Affinität zu indoeuropäischen Sprachen. Damit sind erforderliche Akklimatisierungszeiten verständlicherweise deutlich höher.

---

[43] Vgl. Ipsos Studie: „Studie zur Kluft zwischen Wahrnehmung und Wirklichkeit: Deutsche schätzen soziale Realitäten häufig falsch ein"; https://www.ipsos.com. 2019, 16.Januar

Bedauerlicherweise hat sich gezeigt, dass mit der großen Anzahl von muslimischen Flüchtlingen aus Syrien, Irak und Afghanistan auch einige Menschen nach Europa gekommen sind, die extremistisches islamistisches und sogar salafistisches Gedankengut verfolgen, die dann selbst oder extern inspiriert oder von Hasspredigern aufgestachelt zu Terroristen werden können und dann eine immense Gefahr für europäische Sicherheitssysteme werden könnten. Sie stellen nicht nur für die Sicherheitssysteme eine große Belastung dar, sondern auch für die europäischen demokratischen Strukturen.

Dazu kommt, dass es allgemein bekannt ist, dass muslimische Länder überwiegend nicht nach westlich demokratischen Normen regiert werden, sondern von autokratischen Systemen. Deshalb besteht die sehr große Gefahr, dass gegen Ende dieses Jahrhunderts, wenn mehr und mehr europäische Länder aufgrund der erwarteten Bevölkerungsentwicklungen mehrheitlich muslimisch werden, danach auch muslimisch geprägte Regierungen an die Macht kommen und in der Folge muslimische Rechtsvorstellungen und Normen eingeführt werden.

## 2.5 Weiter sinkende Ausbildungsstandards

Nicht nur Deutschland leidet unter immer schwächeren schulischen Leistungen, welche zu sinkenden Ausbildungsstandards führen. Die steigenden Zahlen von geflüchteten Schulkindern spiegeln sich in den schulischen Leistungen der europäischen Kinder und Jugendlichen wider. Auch dazu soll das Beispiel Deutschland betrachtet werden.

Bedauerlicherweise sinken seit einigen Jahren die schulischen Leistungen der deutschen Schülerinnen und Schüler. Dies war bereits in den letzten PISA-Erhebungen von 2015 und 2018 ersichtlich und wurde durch die neueste PISA-Studie 2022 deutlich bestätigt.[44] Die PISA-Studien der OECD sind internationale Schulleistungs-Untersuchungen, die seit dem Jahr 2000 in einem dreijährigen Turnus in den meisten OECD-Ländern durchgeführt werden. PISA steht für Programme for International Student Assessment.[45]

Besonders erschreckende Ergebnisse zeigte kürzlich ein internationaler Vergleich, den das Münchner ifo Institut auf der Grundlage von Schulleistungsstudien wie PISA und TIMSS im November 2022 vorgenommen hat. Deutschland landete dabei nur auf Platz 30, auch hinter vielen europäischen Ländern und sogar noch hinter Russland.[46] TIMSS steht für Trends in International Mathematics and Science Studies und erfasst das mathematische und naturwissenschaftliche Grundverständnis von Schülerinnen und Schülern.[47]

Die Trends in International Mathematics and Science Study ist eine international vergleichende Schulleistungsuntersuchung,

---

[44] Vgl. Deutschlandfunk: „PISA-Studie 2022. Deutsche Schulleistungen sinken weiter"; https://www.deutschlandfunk.de. 2023, 5.Dezember

[45] Vgl. OECD: „Pisa-Studien": https://www.oecd.org

[46] Vgl. News4Teachers: „Internationaler Vergleich: Fast ein Viertel der Schüler in Deutschland erreicht die Mindeststandards nicht". https://news4teachers.de. 2022, 22.November

[47] Vgl. Universität Hamburg: „TIMSS"; https://www.timss.uni-hamburg.de. 2023

die langfristige Entwicklungen in den Bildungssystemen von etwa sechzig teilnehmenden Staaten untersucht. Dabei werden die Kompetenzen von Schülern und Schülerinnen am Ende der 4. Klasse in den Unterrichtsfächern Mathematik und Sachunterricht sowie Informationen zu ihrem Lern- und Lebensumfeld durch die Eltern, Lehrkräfte und Schulleitungen ermittelt.

TIMSS wird seit 1995 alle vier Jahre von der International Association for the Evaluation of Educational Achievement (IEA) durchgeführt. Im Arbeitsbereich Evaluation von Bildungssystemen an der Universität Hamburg wird die Studie wissenschaftlich geleitet und der Berichtsband für Deutschland erstellt.

Der Anteil der deutschen Kinder und Jugendlichen, denen grundlegende Kompetenzen im Lesen, Schreiben und Rechnen fehlen, ist mit 23,8 Prozent unglaublich hoch. Großbritannien, Frankreich, Schweden, die Niederlande und viele führende Wirtschaftsnationen weisen bessere Werte als Deutschland auf. Den besten Wert weltweit erreichte China mit nur 6,5 Prozent. Das beste europäische Land war Estland mit 10,5 Prozent.

Ein weiteres Beispiel für sinkende deutsche Schulleistungen war die IQB-Studie in Deutschland im Oktober 2022[48] [49], die ein drastisches Absinken der Leistungsniveaus der Dritt- und Viertklässler nahezu bundesweit aufzeigt. Dazu meinte der ifo-Bildungsexperte Ludger Wößmann: „Solch einen Rückgang wie jetzt hat es noch nie gegeben. Das ist deshalb so tragisch, weil Bildung nicht nur für das persönliche Schicksal bedeutsam ist, sondern der langfristig wichtigste Beitrag zum Wirtschaftswachstum ist, und nicht Straßen, Eisenbahnen oder Glasfaserverbindungen."

---

[48] Vgl. Süddeutsche Zeitung: Aldenhoff, Kathrin: „Jede Schule muss analysieren: Wo stehen die Kinder?"; https://www.sueddeutsche.de. 2022, 18.Oktober

[49] Vgl. Tagesschau: „IQB Bildungstrend 2021. Viertklässler können schlechter lesen und rechnen"; https://www.tagesschau.de; 2022, 17.Oktober

Dadurch sinken verständlicherweise die Ausbildungsstandards. Schon heute klagen sehr viele Personalleiter in deutschen Unternehmen über steigende Bildungsmängel bei Berufseinsteigern. Darum schicken wohlhabende Eltern ihre Kinder immer häufiger in Privatschulen, um diesen eine möglichst gute Ausbildung zu ermöglichen. Sozial betrachtet ist dies nicht fair gegenüber Kindern aus einkommensschwachen Familien, aber leider verständlich.

Dazu kommt, dass deutsche Universitäten im weltweiten Ranking der besten Universitäten immer weiter abrutschen.[50] Als beste deutsche Universität landet gegenwärtig die Technische Universität München auf dem 30.Rang. Unter den Top zehn Universitäten befinden sich ausschließlich anglo-amerikanische Hochschulen. Weitere Spitzenplätze werden von Universitäten aus China, Singapur, Kanada und eine aus der Schweiz (ETH Zürich) eingenommen.

Eine Folge ist, dass immer mehr europäische Studenten nach ihren Studien an solchen Top-Universitäten ihre beruflichen Karrieren nicht mehr in Europa beginnen. In Europa zeigen sich nicht nur in Deutschland diese Trends. Aber Deutschland als größte Wirtschaftsnation in Europa und als noch dritt- bzw. viertgrößte Wirtschaftsnation weltweit ist in besonderem Maße betroffen.

Auch in Deutschland wird es künftig noch viele hochintelligente, hochqualifizierte und leistungsbereite Nachwuchskräfte geben, aber viele von ihnen werden von Topangeboten aus den USA oder China angelockt und abgezogen werden. Da die beiden weltweit führenden Industrienationen USA und China gegenwärtig ebenfalls zu geringe Geburtenraten aufweisen, so werden gerade diese beiden zugkräftigen Staaten fehlende Führungs- und Fachkräfte aus Europa und anderen asiatischen Staaten anlocken.

---

[50] Vgl. Squeaker: „Die besten Universitäten der Welt – Ranking 2023"; https://www.squeaker.net. 2023

Die Folgen all dieser Entwicklungen werden weiter sinkende Ausbildungsniveaus in Europa und besonders in Deutschland und ein noch größerer Mangel an Fachkräften sein. Die negativen und nur schwer korrigierbaren Folgen sind die Schwächungen der europäischen Wirtschaftsstandorte, geringere Wirtschaftsleistungen und damit einhergehend ein Absinken des allgemeinen Wohlstands. Auch Deutschland wird zu einem Standort zweiter Klasse abfallen mit immer geringeren Fähigkeiten für innovative und hochqualitative Produkte und Dienstleistungen.

Dieser Prozess und diese Entwicklungen werden nicht über Nacht geschehen, sondern sich kontinuierlich in den nächsten zwanzig bis dreißig Jahren fortsetzen.

Da Deutschland über keine besonderen Rohstoffvorkommen verfügt, wäre auch in Zukunft ein großes intellektuelles Leistungspotential mit hohen Innovations- und Qualitätsstandards zur Erhaltung des Wohlstands erforderlich. Gegenwärtig läuft Deutschland in eine Gegenrichtung mit sinkenden Werten. Bislang scheinen angekündigte Korrekturmaßnahmen der deutschen Regierenden nur Lippenbekenntnisse zu sein oder in eine falsche Richtung zu zeigen.

Noch können Deutschland und Europa von den hohen und über Jahrzehnte aufgebauten Leistungsstandards in vielen Segmenten profitieren. Dazu kommt, dass neue technologische Trends wie insbesondere die Künstliche Intelligenz und fortschreitende Digitalisierungen helfen werden, bereits erkennbare Defizite der Ausbildungs- und Leistungsstandards etwas zu kaschieren.

Im Zusammenspiel mit anderen Fehlentwicklungen werden sinkende schulische Leistungen und geringere Ausbildungswerte zu geringerem Wohlstand in den meisten europäischen Ländern führen.

## 2.6 Die Flüchtlingsströme nach Europa werden noch mehr zunehmen

Um keinen falschen Eindruck zu erwecken, möchte der Autor nochmals betonen, dass er sich nicht gegen die Aufnahme von Flüchtlingen ausspricht. Die in den europäischen Verfassungen und im deutschen Grundgesetz verankerten Asylrechte sind vollumfänglich zu respektieren und die moralischen und ethischen Verpflichtungen nach der Genfer Flüchtlingskonvention in sinnvoller Weise zu erfüllen. Dazu kommt, dass Europa aufgrund der gegenwärtig zu geringen Geburtenraten gewisser Zuwanderungen bedarf, um die Bedürfnisse der Arbeitsmärkte zu befriedigen.

Natürlich hat das Thema der Flüchtlingswellen aufgrund der Ströme von Geflüchteten aus der Ukraine und wegen steigender Flüchtlingszahlen im Jahr 2023 wieder deutlich an Aktualität, Besorgnis und Ängsten zugenommen.

Auch wenn bisher in erster Linie Flüchtlingsströme aus dem Vorderen und Mittleren Osten im Fokus standen, so wird sich dies in einigen Jahren gewaltig verändern. Dann werden sich aller Wahrscheinlichkeit nach gewaltige Flüchtlingsströme aus Afrika nach Europa und insbesondere nach Deutschland bewegen.

Weltweit ist die Zahl der Flüchtlinge in den letzten Jahren deutlich angestiegen. Im Jahr 2022 hat diese Anzahl von Flüchtlingen auch infolge des Ukraine-Konflikts die Marke von 100 Millionen überschritten.[51] Nach allerneuesten Zahlen des UN-Flüchtlingskommissariats befanden sich im Oktober 2023 bereits 114 Millionen Menschen auf der Flucht.[52] Dies heißt, dass weltweit etwa 1,4 Prozent aller Menschen auf der Flucht

---

[51] Vgl. Süddeutsche Zeitung: „UN meldet erstmals mehr als 100 Millionen Geflüchtete weltweit"; https://www.sueddeutsche.de. 2022, 23.Mai

[52] Vgl. orf.at: „UNO: Neuer Höchststand von 114 Mio. Geflüchteten"; https://www.orf.at. 2023, 25.Oktober

sind.[53] Seit der Flüchtlingskrise ab dem Jahr 2015 ist Deutschland das Land mit der viertgrößten Anzahl von internationalen Flüchtlingen sowie an Asylbewerbern. Weltweit an der Spitze steht die Türkei mit rund 3,6 Millionen internationalen Flüchtlingen.

Auch in den nächsten Jahren werden Flüchtlingsströme aus dem Nahen Osten, insbesondere aus Syrien, und aus dem Mittleren Osten, aus Afghanistan und aus dem Irak, und neuerdings auch aus der Türkei das Geschehen der Geflüchteten in Europa und insbesondere in Deutschland dominieren. Die von den Schleppern bevorzugten Routen werden sich möglicherweise ändern und sich den geopolitischen Entwicklungen im Osten anpassen. Noch bilden einerseits die Türkei und andererseits Libyen, in dessen Internierungslagern Flüchtlinge häufig misshandelt werden, ein Bollwerk gegen explodierende Flüchtlingszahlen.

Heutzutage kommen allerdings immer mehr Flüchtlinge aus Afrika nach Europa. Unter den größten Herkunftsländern der Asyl-Erstantragsstellenden in Deutschland zeigen sich schon heute drei afrikanische Staaten: Nigeria, Eritrea und Somalia. Warum künftig besonders starke Flüchtlingszahlen aus Mittel-, Ost- und West-Afrika erwartet und befürchtet werden müssen, liegt an drei Faktoren:

Erstens an der erwarteten Bevölkerungsentwicklung in Afrika bis zum Jahre 2100. Nach neuesten Prognosen wird die Weltbevölkerung, die Ende 2022 gut acht Milliarden Menschen betrug, bis zum Jahre 2050 stark wachsend auf knapp 9.9 Milliarden ansteigen, um dann bis zum Jahre 2100 nicht mehr ganz so stark, aber dennoch deutlich auf etwa 10,4 Milliarden Menschen zu wachsen.[54]

---

[53] Vgl. UNO Flüchtlingshilfe: „Zahlen & Fakten zu Menschen auf der Flucht"; https://uno-fluechtlingshilfe.de. 2022

[54] Vgl. Statista Research: „Prognose zur Entwicklung der Weltbevölkerung von 2010 bis 2100"; https://de.statista.com. 2022, Juli

Allerdings wird sich die Bevölkerungsentwicklung nach Kontinenten dabei signifikant unterscheiden. Für Europa wird ausgehend von 748 Millionen Menschen im Jahre 2020 bis zum Jahre 2050 eine geringe Reduktion auf rund 740 Millionen Menschen erwartet. Bis zum Jahre 2100 wird ein deutliches Sinken der europäischen Bevölkerung auf 630 Millionen prognostiziert.[55]

Für Asien mit rund 4,64 Milliarden Menschen im Jahre 2020 wird eine stabile Entwicklung bis zum Jahre 2100 auf 4,72 Milliarden erwartet.[56] Bereits im Jahre 2023 hat Indien die VR China als weltweit bevölkerungsreichstes Land überholt.

In Nordamerika mit 370 Millionen Menschen im Jahre 2020 wird ein deutlicher Anstieg auf 491 Milliarden bis zum Jahre 2100 erwartet. Diesbezüglich wird auch ein deutlich höheres durchschnittliches Lebensalter prognostiziert. In Lateinamerika und der Karibik soll sich nach Schätzungen der Experten die Bevölkerungszahl von 654 Millionen Menschen im Jahre 2020 auf 680 Millionen etwas nach oben bewegen. In Australien und Ozeanien wird ein deutlicher Anstieg von 43 Millionen Menschen im Jahre 2020 auf 75 Millionen im Jahre 2100 erwartet.

Das am signifikant stärkste Bevölkerungswachstum wird eindeutig aus Afrika kommen. Von 1,34 Milliarden Menschen im Jahre 2020 soll die Bevölkerung Afrikas gemäß den Prognosen auf 2,5 Milliarden Menschen im Jahre 2050 und dann nochmals sprunghaft bis knapp 4,3 Milliarden im Jahre 2100 anwachsen[57] [58]. Der Hauptgrund liegt vor allem in der hohen Geburtenrate, die im Jahr 2020 bei 4,3 lag und damit rund doppelt so hoch wie

---

[55] Vgl. Statista Research: „Prognose der Bevölkerung in den Kontinenten in den Jahren 2021 bis 2100: https://de.statista.com. 2022, Juli

[56] Vgl. Bundesinstitut für Bevölkerungsforschung: „Weltbevölkerung. Vergleich der Kontinente"; https://www.bib.bund.de. 2022

[57] Vgl. Berlin-Institut für Bevölkerung und Entwicklung: „Bevölkerungsentwicklung in Afrika"; https://www.berlin-institut.org. 2022

[58] Vgl. Bundesinstitut für Bevölkerungsforschung: „Bevölkerungszahl und ihr Wachstum, Afrika 1950-2020 und Prognose 2100"; https://www.bib.bund.de. 2020

der weltweite Durchschnitt von 2,3 war. Dazu kommt die erwartete höhere Lebenserwartung auch für die afrikanische Bevölkerung.

Zweitens, die zahlreichen Konflikte in Afrika[59]: schon heute schätzen Experten die Anzahl der afrikanischen Flüchtlinge auf rund 6,6 Millionen Menschen insbesondere aus dem Süd-Sudan, aus der Demokratischen Republik Kongo und aus Somalia.

Drittens, der Klimawandel mit weiter steigender Erderwärmung wird zu noch größeren Dürregebieten in Afrika führen und gewaltige Hungersnöte verursachen. Die zu erwartenden Folgen des enorm starken Bevölkerungswachstums verbunden mit extremen Wetterentwicklungen gerade für Afrika wird folglich zu gewaltigen Flüchtlingsströmen führen. Die einzig realistische Richtung der Schlepperbanden mit Flüchtlingen aus Afrika wird nach Norden, sprich Europa, zeigen. Dabei wird es sicherlich einige mögliche Routen über das Mittelmeer in Richtung Iberische Halbinsel oder in Richtung Italien oder in Richtung Griechenland oder über die Festlandsroute in Richtung Naher Osten mit Richtung Türkei und Griechenland geben.

Auf dem Weg nach Norden bis ans Mittelmeer müssen viele afrikanische Flüchtlinge die Wüste oder gefährliche Regionen, in denen Kriege herrschen, durchqueren. Viele Länder vor allem in der Sahelzone, wie Burkina Faso, Nigeria, Niger, Kamerun und die Zentralafrikanische Republik, sind gegenwärtig von Gewalt-Eskalationen betroffen. Besonders riskant für Flüchtlinge ist Libyen mit den bekannt gefährlichen Internierungslagern. Nach Einschätzungen von Flüchtlingshilfswerken ist für Flüchtlinge der Weg zum Mittelmeer heutzutage deutlich gefährlicher als die ohnedies schon sehr riskanten Meeres-Überfahrten nach Europa.

---

[59] Vgl. UNO Flüchtlingshilfe: „Konflikte in Afrika lassen Flüchtlingszahlen ansteigen"; https://www.uno-fluechtlingshilfe.de. 2022

Wie sich bereits an den gegenwärtigen Entwicklungen in den meisten europäischen Ländern zeigt, haben sich die Stimmungslagen in vielen Staaten von einer oftmals praktizierten Willkommens-Kultur deutlich gewandelt. Dazu kommt, dass gerade in Deutschland und Österreich die Kommunen eine Überbelastung der Aufnahmekapazitäten in Bezug auf Wohnungen, Kita-Plätze und in Schulen aufweisen.

Dies hat zu Bestrebungen in der EU geführt, die Zahlen der Zuwanderungen zu begrenzen und erforderliche Rückführungen rascher vorzunehmen. Auch wenn einvernehmliche europäische Lösungen angestrebt werden, so wird sich zeigen, ob solche möglich gemacht werden können. Der Autor befürchtet, dass allzu nationale Interessenskonflikte solche Anstrengungen nach gesamtheitlich europäischen Lösungen und nach fairen erforderlichen Verteilungsschlüsseln torpedieren werden.

Dabei werden der demografische Wandel und die viel zu tiefen Geburtenraten verstärkte Zuwanderungen und insbesondere qualifizierte Zuzüge erfordern, um die Bedürfnisse der europäischen Arbeitsmärkte zu befriedigen. Dennoch muss dabei berücksichtigt werden, dass Europa keine hohen Fachkräfte-Zahlen aus afrikanischen Herkunftsländern erwarten darf.

Die möglichen Arbeitsleistungen von Menschen ergeben sich vornehmlich aus drei Faktoren: aus den Leistungspotentialen bzw. Leistungsfähigkeiten, aus den Ausbildungswerten und aus der Einsatzbereitschaft. Die feststellbaren Leistungspotentiale insbesondere für Fachkräfte lassen sich aus den jeweiligen Intelligenzquotienten (IQ) erkennen. Wie die Ergebnisse der internationalen Studien allzu deutlich belegen, liegen die durchschnittlichen IQ-Werte der afrikanischen Bevölkerung um sehr deutliche 30 bis 40 Prozent unter den deutschen Durchschnittswerten und auch um etwa 20 Prozent unter den

Werten aus den asiatischen Ländern mit den bislang größten Flüchtlings-Zahlen.[60]

Die unter Laenderdaten.info zusammengefassten IQ-Ergebnisse berücksichtigen die Untersuchungen von neun internationalen Studien. In seinem Buch „Wege aus dem Abstieg"[61] hat der Autor sehr ausführlich die Ergebnisse dieser Studien und die Hintergründe und Erläuterungen dazu dargestellt.

Um die erforderlichen Qualifizierungen der Flüchtlinge und Zugewanderten zu Fachkräften zu erreichen, müssten die europäischen Regierungen ihre Bildungs-Budgets insbesondere für afrikanische Geflüchtete deutlich steigern. Gleichzeitig sollte nicht unerwähnt bleiben, dass die meisten Flüchtlinge bislang erkennbar deutlich geringere Arbeitsbereitschaften zeigen als europäische Arbeitskräfte. Dies scheint in besonderem Maße auf afrikanische Geflüchtete zuzutreffen.

Um die Gefahren von allzu starken Bevölkerungsentwicklungen in Afrika und die auch daraus resultierenden Migrationswellen von Afrika nach Europa zu begrenzen, sollten schon heute alle Maßnahmen unterstützt und gefördert werden, um für eine höhere Bildung und Ausbildung der afrikanischen Bevölkerung zu sorgen. Damit und mit einer größeren Verteilung von Verhütungsmitteln könnten wahrscheinlich die übergroßen Bevölkerungszuwächse in Afrika etwas eingegrenzt werden.

Insgesamt muss abschließend festgehalten werden, dass die Flüchtlings-Bestrebungen nach Europa und die zu erwartenden und befürchtenden Migrationskrisen in den kommenden Jahrzehnten zu den größten Herausforderungen Europas zählen werden.

---

[60] Vgl. Laenderdaten.info: „Der IQ im Ländervergleich"; https://www.laenderdaten.info. 2020

[61] Vgl: Minar, Egon: „Wege aus dem Abstieg"; GHV-Verlag. ISBN: 978-3-87336-802-6. 2023, August

## 2.7 Die Kluften zwischen Arm und Reich werden weiter steigen

Es ist unbestritten, dass zu große Kluften zwischen Arm und Reich, zwischen Geringverdienern und Einkommensstarken, zwischen Besitzlosen und Vermögenden und eine immer größer werdende Schere negative Folgen mit sich bringen, die vielfältig gelagert sind. Wie lässt sich die Kluft zwischen Arm und Reich definieren? Gemäß den von der EU gesetzten Standards ist dies in Deutschland beispielsweise recht genau definiert: „Arm" ist, wer monatlich weniger als 60 Prozent des mittleren Nettolohns bezieht.

Gemäß dem Wirtschafts- und Sozialwissenschaftlichen Institut WSI der Hans-Böckler-Stiftung lag dieser Wert in Deutschland im Jahr 2021 für eine alleinlebende Person bei Nettoeinkünften von monatlich 1.148 Euro. Bei einem Zwei-Personen-Haushalt ohne Kinder betrug die Armutsgrenze im Jahr 2021 monatlich netto 1.721 Euro.

Besonders bedauerlich ist, dass die Altersarmut in den meisten europäischen Ländern seit Jahren ständig steigt. Immer mehr Menschen droht trotz Rentenbezug die Altersarmut. Die deutsche Bundesregierung definiert Altersarmut ab einem Jahreseinkommen von unter 13.628 Euro bzw. monatlich 1.135 Euro.[62]

Wissenschaftlich wird als Armutsgrenze festgestellt, wenn die essenziellen benötigten Ressourcen, die ein Erwachsener in einem Jahr konsumiert, zusammengerechnet nicht mehr bezahlt werden können. Der größte Kostenfaktor sind zumeist die Mieten oder die Grundstückspreise. Aus diesem Grund richten Wirtschaftswissenschafter ihr Augenmerk im besonderen Maße auf den Immobilienmarkt als wichtigen Einflussfaktor für die Höhe der Armutsgrenze. In naher Zukunft

---

[62] Vgl. Frankfurter Rundschau: Gries, Helena: „Rente: Knapp ein Fünftel der über 65-Jährigen in Deutschland von Altersarmut bedroht"; https://www.fr.de. 2023, 7.Februar

dürften auch die Energiekosten und insbesondere die Gas- und Strompreise sehr stark beachtet werden.

Bei der Beschreibung der Armut unterscheidet man zwischen der absoluten und relativen Armut. Als absolute Armut wird ein Zustand bezeichnet, wenn die wirtschaftlichen und sozialen Grundbedürfnisse nicht erfüllt werden können. Bei der relativen Armut bezieht sich das Armuts-Verhältnis auf den Vergleich zum gesellschaftlichen Umfeld der jeweiligen Person.

Eine gewisse Kluft ist aufgrund unterschiedlicher Fähigkeiten und Leistungen etwas Natürliches. Leider nehmen die Kluften allerdings beängstigend rasch zu, nicht nur in Deutschland, sondern europaweit und weltweit. In Bezug auf Deutschland sollen einige Fakten kurz dargestellt werden.

Nach neuesten Ergebnissen waren im Jahr 2022 in Deutschland etwa 17,3 Millionen Menschen von Armut oder sozialer Ausgrenzung bedroht.[63] Dies entspricht immerhin bereits 20,9 Prozent der Bevölkerung. Laut dem Statistischen Bundesamt waren im Jahr 2021 27 Prozent der alleinstehenden Personen und ebenso 27 Prozent der Alleinerziehenden von Armut betroffen. Bei Menschen mit lediglich Hauptschulabschluss oder ohne fehlenden Berufsabschluss lag der Anteil der von Armut Betroffenen sogar bei 35 Prozent, bei Personen mit Migrationshintergrund bei 29 Prozent.

Für Rentner ab 65 Jahren ist die Wahrscheinlichkeit unter Altersarmut zu leiden in den letzten Jahren deutlich gestiegen. 2021 lag der Anteil der armutsgefährdeten Rentner insgesamt bei 19,3 Prozent. Grund dafür sind die höheren Lebenshaltungskosten, aber auch fehlende Ersparnisse. Rentnerinnen sind deutlich häufiger von Armut betroffen als männliche Rentner.

---

[63] Vgl. Statistisches Bundesamt: „Gut ein Fünftel der Bevölkerung von Armut oder sozialer Ausgrenzung bedroht." https://www.destatis.de. 2023, 16.Mai

Bei den Arbeitslosen waren im Jahr 2021 in Deutschland 47 Prozent von der Armut betroffen. Bei überwiegend Erwerbstätigen lag dieser Anteil vergleichsweise bei nur 8,6 Prozent.

Neueste Untersuchungen der Sparkassen im Jahr 2022 zeigen, dass aufgrund der hohen Inflation rund 60 Prozent der deutschen Haushalte heutzutage auf ihre Sparanlagen, die zumeist nur in geringem Maße vorhanden sind, zurückgreifen müssen, um ihre monatlichen Ausgaben zu finanzieren.[64] Dabei sind die Effekte der stark gestiegenen Gas- und Strompreise nur ansatzweise berücksichtigt. Experten warnen deshalb vor einem gewaltigen Einfluss auf die deutsche Wirtschaft und vor der dadurch geringeren Kaufkraft und wegen steigender Privatinsolvenzen.

Im Gegensatz zu „Arm" gilt als „Reich" in Deutschland, wer monatlich knapp 5.300 Euro Nettogehalt erhält. Dies entspricht wissenschaftlich mehr als dem Dreifachen des Medians der Nettoäquivalenzeinkommen der Gesamtbevölkerung.[65] Die Forscher des Instituts der deutschen Wirtschaft (IW) in Köln bezeichnen ein Paar ohne Kinder als reich, wenn es zu den oberen zehn Prozent der Einkommen der deutschen Bevölkerung zählt und über 5.550 Euro netto im Monat verfügen kann. Ein Single darf sich bereits mit monatlich 3.700 Euro netto als reich fühlen.[66]

Natürlich könnte man Arm und Reich auch über vorhandenes Vermögen definieren. So verfügen derzeit etwa fünf Prozent der deutschen Bevölkerung über ein sehr hohes Nettovermögen von über 720.000 Euro, bestehend aus Immobilien, Schmuck, Autos, Geldanlagen oder Betriebsvermögen abzüglich etwaiger

---

[64] Vgl. Welt: Verband: „Viele Kunden mussten auf Ersparnisse zurückgreifen"; https://www.welt.de. 2023, 21.Februar
[65] Vgl. Chip: „Gehören Sie dazu? Ab wann Sie in Deutschland schon als reich gelten."; https://www.chip.de. 2023, 28.Januar
[66] Vgl. Institut der deutschen Wirtschaft: Niehues, Judith und Stockhausen, Maximilian: „Mit 3.700 Euro gehören Singles zu den einkommensreichsten zehn Prozent."; https://www.iwkoeln.de. 2021, 29.Dezember

Schulden.[67] Für Deutschland muss als besonders bedauerlich beurteilt werden, dass gemäß der Hans-Böckler-Stiftung „in fast keinem anderen Land in Europa die Vermögen so ungleich verteilt sind wie in Deutschland. In den meisten Statistiken wird das wahre Ausmaß dieser Erkenntnis unterschätzt."[68]

Insgesamt besitzen die wohlhabendsten zehn Prozent der Haushalte in Deutschland gegenwärtig knapp sechzig Prozent des Gesamtvermögens. Nach einer Schätzung einer von der Hans-Böckler-Stiftung geförderten Studie des Deutschen Instituts für Wirtschaftsforschung und unter Berücksichtigung der Forbes-Liste dürfte das reichste Prozent der deutschen Haushalte etwa ein Drittel des deutschen Gesamtvermögens besitzen.[69]

Bedauerlicherweise nehmen die Kluften zwischen Arm und Reich beängstigend rasch zu, nicht nur in Deutschland, sondern europaweit und weltweit. Arme werden immer ärmer und Reiche werden immer reicher. Dies beweisen viele Berichte und gilt inzwischen als allgemein bekannt Arm trotz Arbeit ist leider auch in Deutschland zur vielfachen Realität geworden.

Die deutsche Regierung lässt alle vier Jahre einen umfangreichen Bericht erstellen, der einen Überblick über die soziale Situation in Deutschland geben soll.[70] Leider sehen die letzten Berichte nicht nur nicht gut, sondern immer düsterer aus. Auch in Deutschland geht die Schere zwischen Geringverdienern und Einkommensstarken und zwischen Besitzlosen und Vermögenden immer weiter auseinander. Es muss befürchtet werden, dass der nächste Bericht über die

---

[67] Vgl. Hans-Böckler-Stiftung: „Wie sind die Vermögen in Deutsch and verte lt?"; https://www.boeckler.de. 2017, Ausgabe 04

[68] Vgl. Hans-Böckler-Stiftung: „Wie sind die Vermögen in Deutsch and verte lt?"; https://www.boeckler.de. 2017, Ausgabe 04

[69] Vgl. Hans-Böckler-Stiftung: „Wie sind die Vermögen in Deutsch and verte lt?"; https://www.boeckler.de. 2017, Ausgabe 04

[70] Vgl. Bundeszentrale für politische Bildung bpb: „Die soziale Situation in Deutschland. Zahlen und Fakten"; https://www.bpb.de, 2020, 16.August

soziale Situation in Deutschland im Jahr 2024 noch wesentlich erschreckender ausfallen wird als der letzte Bericht im Jahr 2020.

Leider hat Covid-19 die Situation weiter verschärft, da die Pandemie die Ärmsten am härtesten getroffen hat. Dies muss als dringendes Alarmsignal verstanden werden. Verschärft wird die aktuelle Situation in vielen europäischen Staaten durch die hohen Energie- und Lebensmittel-Preise und durch die hohe Inflation. Dies gilt insbesondere für Deutschland, Österreich, Polen, Ungarn und die baltischen Staaten, da diese Länder besonders abhängig von den russischen fossilen Energieträgern waren.

Diese Kluften zwischen Armen und Reichen, diese Ungleichheiten, haben in den letzten dreißig Jahren deutlich zugenommen und treffen in besonderem Maße die Arbeitslosen. Während im Jahre 1995 nur rund fünfzehn Prozent der deutschen Arbeitslosen in Armut lebten, so waren es im Jahre 2005 bereits etwa 35 Prozent. Heute sind dies nahezu 50 Prozent der Arbeitslosen, die in Armut leben.

Im sechsten Armuts- und Reichtumsbericht (ARB) der deutschen Bundesregierung war zu lesen, dass heute schon 17 Prozent der Befragten in einer Umfrage angaben, Probleme mit der Finanzierung ihrer laufenden Ausgaben zu haben.[71] Man kann mit Sicherheit davon ausgehen, dass dieser schon hohe Prozentsatz weiter deutlich ansteigen wird. Dies hat natürlich Konsequenzen und politische Folgen. Je geringer das Einkommen ist, desto geringer wird einerseits das politische Engagement und die Wahlbereitschaft. Andererseits wird aber die Bereitschaft größer, sich radikalen Strömungen anzuschließen.

---

[71] Vgl. Bundesministerium für Arbeit und Soziales: Arbeits- & Reichtumsbericht: „Warum berichten wir über Armut und Reichtum in Deutschland?"; https://www.armuts-und-reichtumsbericht.de. 2020

Die Entwicklungen dieser steigenden Kluft zwischen Arm und Reich zeigen aber auch, dass der soziale Aufstieg für Ärmere immer schwieriger wird. So haben Menschen im Niedriglohnsektor und ihre Kinder kaum Aufstiegschancen. Kinder und Jugendliche aus wohlhabenden Familien besuchen in Deutschland fünfmal häufiger ein Gymnasium als solche, die in Armut leben.

Nicht nur die Tatsache, dass die Anzahl der Armen immer größer wird, ist schlecht für den sozialen Frieden und den gesellschaftlichen Zusammenhalt. Eine weitere Entwicklung ist besonders für Deutschland besorgniserregend: Die Mittelschicht schrumpft gewaltig. Im Jahr 1995 durften noch etwa siebzig Prozent der Bevölkerung Deutschlands der Mittelschicht zugerechnet werden.

Im Zeitraum von 2014 bis 2017 sind rund 22 Prozent der Personen im erwerbsfähigen Alter von 18 bis 64 Jahren in die untere Einkommensschicht gerutscht.[72] Gemäß neuesten Schätzungen dürfte der Anteil der deutschen Mittelschicht nach der Covid-19-Pandemie und aufgrund der hohen Inflationswerte und der dadurch ausgelösten negativen Entwicklung des frei verfügbaren Einkommens auf aktuell nahezu 40 Prozent gesunken sein. So werden auch Haushalte, die früher der Mittelschicht zugerechnet werden konnten, in naher Zukunft Schwierigkeiten haben, alle ihre Rechnungen begleichen zu können.

Dies ist insofern sehr bedenklich, als gerade die Mittelschichten in den meisten Ländern als tonangebend und politisch stabilisierend galten. Gleichzeitig hat das Risiko von Altersarmut in vielen europäischen Ländern und ebenso in Deutschland deutlich zugenommen. Dies betrifft insbesondere Frauen im Rentenalter, da deren Renteneinkommen nach wie vor deutlich unter dem Durchschnitt liegen.

---

[72] Vgl. Bertelsmann-Stiftung: „Die Mittelschicht in Deutschland bröckelt"; https://www.bertelsmann-stiftung.de. 2021

Dagegen gibt es einen deutlichen Anstieg an Millionären. Gemäß dem World Wealth Report 2022 leben gegenwärtig sogar etwa 1,63 Millionen Millionäre in Deutschland.[73] Trotz Covid-19 Pandemie und trotz hoher Inflation ist die Anzahl der Millionäre in Deutschland im Vergleich zum Vorjahr um etwa 100.000 gestiegen. Deren Vermögen haben sich in diesem Zeitraum sogar um 7,4 Prozent erhöht. Damit müssen weitere Verschärfungen der Kluften zwischen Arm und Reich für die kommenden Jahre erwartet und befürchtet werden.

Eine weitere Erkenntnis ist, dass je ungleicher das Geld in einer Gesellschaft verteilt ist, desto mehr Krankheiten gibt es. Je mehr Menschen sich aufgrund der immer größeren Ungleichverteilungen von Einkommen und Vermögen als sozial ungerecht behandelt fühlen, desto stärker werden die politischen Randparteien.

Aber nicht nur die politische Stabilität könnte durch soziale Ungleichheiten gefährdet werden, sondern auch das Wirtschaftswachstum. Zu große soziale Ungleichheiten und Ungerechtigkeiten sind schlecht für den Leistungswillen des Einzelnen. Soziale Ungleichheit wird sehr oft als soziale Ungerechtigkeit angesehen, da die unterschiedlichen Verteilungen der Vermögen und Ressourcen zwangsläufig zu unterschiedlichen Chancen und Möglichkeiten zur Teilhabe am gesellschaftlichen Leben führen.

Aber auch für das Wirtschaftswachstum eines Landes ist es nachteilig, wenn die Anzahl und der Anteil der Geringverdiener und Besitzlosen immer größer werden, da dadurch das Konsumpotential geschwächt und reduziert wird. Damit sinken die Steuereinnahmen aus den Verbrauchssteuern und insbesondere aus der Mehrwertsteuer. Auch für die Umsätze und Einkünfte vieler Unternehmen und Betriebe haben die steigenden Kluften zwischen Besitzlosen und Vermögenden, zwischen den Geringverdienern und Einkommensstarken

[73] Vgl. Frankfurter Allgemeine: Siedenbiedel, Christian: „In Deutschland leben jetzt 1,6 Million Millionäre.“; https://ww.faz.net. 2022, 14.Juni

negative Folgen aufgrund geringerer finanzieller Mittel für den privaten Konsum.

Rein wissenschaftlich lässt sich die wachsende Kluft zwischen den Einkommensschwachen und Einkommensstarken und die daraus resultierenden Verwerfungen am Gini-Index festmachen. Dieser vom italienischen Statistiker Corrado Gini entwickelte Index gilt als Maß für die Ungleichverteilungen in einer Gesellschaft. So würde ein Wert von null eine völlige Gleichverteilung von Einkommen bedeuten.

Beispielhaft soll an dieser Stelle die Entwicklung des Gini-Index in Deutschland von 2009 bis 2020 dargestellt werden[74]:

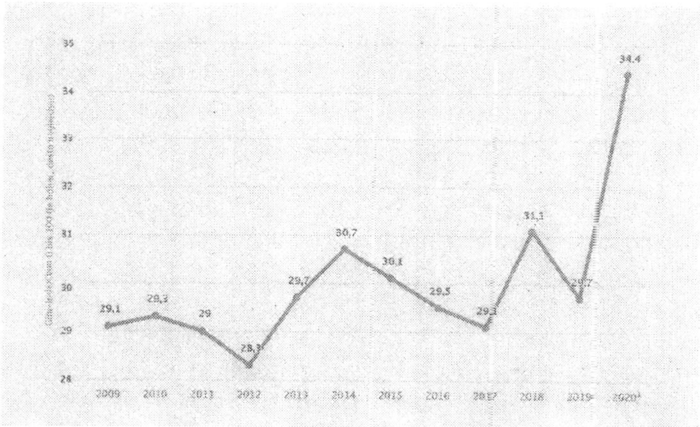


Im Quellenverzeichnis lassen sich Informationen zur Berechnung dieses Index nachlesen.[75] Wie die Leser dieser Grafik[76] entnehmen können, ist der Gini-Index in Deutschland nach kleineren Wachstumsschritten von 2012 bis 2019 im ersten Covid-19-Jahr 2020 um nahezu fünf Punkte auf 34,4

[74] Vgl. Statista Research: „Deutschland: Entwicklung der Einkommensungleichheit auf Basis des Gini-Index im Zeitraum 2009 bis 2020"; https://de.statista.com. 2021
[75] Vgl. Wikipedia: „Gini-Koeffizient"; https://de.wikipedia.org. 2023
[76] Vgl. Statista Research: „Deutschland: Entwicklung der Einkommensungleichheit auf Basis des Gini-Index im Zeitraum 2009 bis 2020"; https://de.statista.com. 2021

gestiegen. Man muss kein Prophet sein, um vorauszusagen, dass der Gini-Index in Deutschland aufgrund der aktuellen Entwicklungen bis zum Jahr 2025 vermutlich in die Nähe von 40 Punkten ansteigen könnte.

Nach Interpretationen von Wirtschaftswissenschaftlern wären Gini-Indizes von 25 bis 30 sozial sehr gut vertretbar. Bei Gini-Werten von 30 bis 35 zeichnen sich gemäß den Experten zumeist gewisse soziale Verwerfungen ab, die zu Protestaktionen führen können. Bei Gini-Indizes höher als 35 sollten bereits die Alarmglocken bei den Politikern merklich läuten. Und bei Gini-Werten über 40 müssen ernstliche soziale Konflikte befürchtet werden.

Im Anhang 5 kann man in einer tabellarischen Grafik das gesamte Gini-Index-Ranking der Mitgliedsländer und Beitrittskandidaten der Europäischen Union gemäß der im Januar 2022 veröffentlichten Zahlen der World Bank sehen, wobei berücksichtigt werden muss, dass die Zahlen aus 2020 stammen und deshalb nur ein Jahr der Covid-19 Pandemie beinhalten. Die Einflüsse der hohen Inflation und der hohen Energiekosten in den Jahren 2022 und 2023 sind noch nicht ersichtlich. Der Durchschnitt in der Europäischen Union im Jahre 2020 betrug bereits 30,0 Punkte.[77]

Weltweit betrachtet verzeichnen gegenwärtig die USA einen der höchsten Kluft-Werte zwischen Arm und Reich mit einem Gini-Index von 41,5 gemäß World Bank im Jahr 2019. In der VR China lag dieser Wert im Jahr 2019 bei 38,2.

Über die Ursachen der gestiegenen Ungleichheiten in vielen europäischen Staaten und in Deutschland gibt es viele Diskussionen unter den Wissenschaftlern. Die Mehrzahl der Ökonomen machen folgende drei voneinander unabhängige Entwicklungen für den Anstieg sozialer Ungleichheiten verantwortlich: technologischer Fortschritt, die Politik der

---

[77] Vgl. Statista Research: „Entwicklung der Einkommensungleichheit auf Basis des Gini-Index im Zeitraum 2009 bis 2020"; https://de.statista.com. 2021

Deregulierung und die wachsende Konkurrenz durch Länder wie China und Indien. Dazu kommen aktuell insbesondere die Folgen der Covid-19 Pandemie und die stark gestiegenen Inflationswerte mit massiv höheren Energiekosten und deutlich höheren Lebensmittelpreisen.

Besonders bedenklich für Deutschland ist die Ungleichverteilung beim Vermögen. Der Gini-Koeffizient für Vermögen lag bereits im Jahr 2014 bei erschreckenden 0,76. Auf einen ähnlich hohen Wert kommt in der Euro-Zone nur Österreich. Je näher der Koeffizient am Wert 1,0 liegt, desto größer ist die Ungleichverteilung und desto stärker sind die Vermögen bei wenigen Reichen konzentriert.[78]

Der Anhang 6 zeigt einen Vergleich der Vermögens-Ungleichheiten auf Basis der Gini-Koeffizienten von 15 EU-Ländern[79], welcher von der Bundesregierung publiziert wurde. Da viele Länder keine Vermögenssteuern erheben, ist die Datenlage beim Vermögen deutlich geringer als bei den Einkommen. Dennoch lassen sich daraus klare Schlüsse ziehen. Österreich und Deutschland weisen die höchsten Vermögens-Ungleichheiten auf Basis der Gini-Koeffizienten auf.

Ein ähnliches Bild zeigt ein EU-weiter Vergleich der Netto-Haushaltsvermögen in EU-Ländern im Jahr 2017 [80] [81]; siehe Anhang 7. Aus dieser Übersicht lässt sich ebenfalls erkennen, dass die Vermögensungleichheit in Deutschland sehr groß ist. Die zehn reichsten Prozent besaßen in dieser Erhebung im Jahr 2017 immerhin 55,4 Prozent aller Privatvermögen. Nur

---

[78] Vgl. Hans-Böckler-Stiftung: „Wie sind die Vermögen in Deutschland verteilt?"; https://www.boeckler.de. 2017, Ausgabe 04

[79] Vgl. Die Bundesregierung: „Gut leben in Deutschland: Gini-Koeffizient der Vermögen"; https://www.gut-leben-deutschland.de. 2023 auf Basis einer Erhebung von Sierminska und Medgyesi in 2013

[80] Vgl. Bundeszentrale für politische Bildung: Halbmeier, Christoph und Grabka, Markus M.: „Vermögen im europäischen Vergleich"; https://www.bpb.de. 2021, 10.März

[81] Vgl. Bundesministerium für Wirtschaft und Klimaschutz: „Aktuelle Erkenntnisse aus der Vermögensforschung"; https://www.bmwk.de. 2022, 28.November

Österreich, die Niederlande, Estland und Zypern wiesen höhere Besitzanteile der sehr Vermögenden aus. Der EU-Schnitt der zehn reichsten Prozent-Haushalte lag bei 51,9 Prozent. Neueste Schätzungen sprechen davon, dass die reichsten zehn Prozent in Deutschland heutzutage bereits etwa sechzig Prozent aller Privatvermögen besitzen.

Für ein Wohlstandsland wie Deutschland ist es nahezu unglaublich, dass 40 Prozent der Haushalte null Ersparnisse haben. Die vermögensschwächsten 50 Prozent der deutschen Haushalte verfügen lediglich über Ersparnisse von durchschnittlich 3.500 Euro, leben damit quasi von der Hand in den Mund.

Zwischen den Jahren 1945 und 1980 wurde eine Zunahme der Ungleichheiten der Einkommen und Vermögen durch mächtige Gegengewichte verhindert: starke Gewerkschaften, mehr Bildung für alle und die Entstehung der starken Mittelschicht. Sogar das politische Zentrum hat im Rahmen der Sozialen Marktwirtschaft damals höhere Steuern und den Sozialstaat akzeptiert. Heute lassen sich wegen der Globalisierung die Kapitalflüsse kaum begrenzen, da die Vermögenden recht problemlos das Geld ins Ausland schaffen können. Darum würde es jetzt eine neue Politik brauchen, die sich zum Ziel setzt, die Ungleichheiten zu mindern und die Chancen besser für alle Schichten auszugleichen.

Die Bildung sollte weiterhin öffentlich, hochqualitativ und allen zugänglich sein. Die Kernfrage lautet: Sind die europäischen Gesellschaften fähig und auch willens, die Ungleichheiten und damit auch Ungerechtigkeiten so weit zu verringern, dass sie nicht mehr so groß, so bestimmend und belastend sind wie heute? Sind europäische Legislativen und Regierungen in der Lage, diese Ungleichheiten durch geeignete und gerechte Gesetze und Verordnungen und durch deren Umsetzung und Durchsetzung in einen akzeptablen Zustand zu verringern bzw. zumindest nicht noch weiter ausweiten zu lassen?

Die Geschichte hat uns sehr deutlich gezeigt, dass zu große soziale Ungleichheiten und Ungerechtigkeiten zu massiven Protestaktionen und in extremen Fällen zu politischen Revolutionen geführt haben. Dabei verweist der Autor in erster Linie auf die Französische Revolution von 1789. Frankreich ist schon oft Vorreiter solcher Massenbewegungen geworden, siehe nicht nur die große Revolution von 1789, sondern auch jene von 1848 und die von Studenten ausgelösten Unruhen von 1968 und zuletzt die Gelbwesten-Massenproteste vor vier Jahren, die jederzeit wieder aufflackern könnten und wahrscheinlich demnächst auch werden. Zu wesentlich mehr Todeszahlen hat die Chinesische Kulturrevolution unter Mao Tse Tung von 1966 bis 1976 geführt. Ein weiteres Beispiel wäre die Russische Revolution von 1917. Zumeist haben solche Massenproteste in einem Land erwiesenermaßen zu ähnlichen Bewegungen in anderen Ländern geführt, wenn der revolutionäre Funke übergesprungen ist.

Gerade die Chinesische Kulturrevolution ist ein gutes Beispiel, dass es zu starken Gegenreaktionen kommen kann, wenn die Ungleichheiten zu groß geworden sind. So war es in den Jahren dieser Revolution nur jungen Menschen aus Arbeiterfamilien gestattet zu studieren. Kindern aus ehemals wohlhabenden Familien war damals das Studium in China verwehrt.

Diese Entwicklungen der Ungleichheiten sind allerdings nicht neu und betreffen nicht nur Europa. Nach Recherchen von Oxfam habe das reichste Prozent der Weltbevölkerung seit 1995 nahezu 20-mal mehr Vermögen angehäuft als die ärmsten 50 Prozent der Menschheit zusammen. Oxfam berichtete ebenso, dass das Vermögen der Reichen weltweit in den letzten fünf Jahren um 44 Prozent gestiegen sei, während das der Armen in der gleichen Zeit um 41 Prozent gefallen ist. So zeigt der neueste Oxfam Bericht, dass im Jahr 2022 das reichste ein Prozent bereits 45,6 Prozent des weltweiten Vermögens besitzt. 81 Prozent des neu geschaffenen

Vermögens in den Jahren 2020 und 2021 hat sich das reichste ein Prozent angeeignet.[82]

Darum fordert auch Oxfam vehement deutlich höhere Steuern für hohe Einkommen und große Vermögen: „Die aktuellen extremen Ungleichheiten, Umweltzerstörung und generelle Krisenanfälligkeiten sind kein Fehler im System, sondern essenzieller Bestandteil davon. Nur ein groß angelegter Systemwandel kann diese verheerende Situation lösen."[83]

Der Autor befürchtet sehr, dass viele Nationen weltweit aufgrund der sozialen und wirtschaftlichen Ungleichheiten, die sich in unterschiedlicher Form zeigen, bereits in einigen Regionen auf einem Pulverfass sitzen. Er glaubt nicht, dass solche gefährliche Massenbewegungen, die sich zu europaweiten oder zu Kontinente-übergreifenden Proteströmungen ausweiten könnten, in den deutschsprachigen Ländern beginnen werden. Neben Frankreich zeigen sich andere europäische Länder, in denen revolutionäre Protestaktionen ihren Ausgang haben könnten. Auch die weltweit führende Wirtschaftsnation, die USA, hat gegenwärtig eine extreme Diskrepanz zwischen Armen und Reichen zu verzeichnen. Darum leben dort inzwischen sehr viele Menschen quasi auf der Straße mit stark gestiegenen Fällen von Altersarmut.

Zuletzt haben viele europäische Regierungen mit Entlastungspaketen Millionen von Menschen und Haushalten unterstützt, um die stark gestiegenen Energiekosten und die hohen Preissteigerungen finanziell bewältigen zu können. Dies mag in Zeiten wie diesen auch äußerst richtig und erforderlich sein, da diese Entwicklungen in erster Linie auf den Angriffskrieg Russlands auf die Ukraine und auf den dadurch ausgelösten Wirtschaftskrieg zurückzuführen sind.

---

[82] Vgl. Oxfam Deutschland: „Umsteuern für soziale Gerechtigkeit"; https://www.oxfam.de. 2022
[83] Vgl. Oxfam Deutschland: „Umsteuern für soziale Gerechtigkeit"; https://www.oxfam.de. 2022

Im Grunde genommen sind dies allerdings nur Symptom-Bekämpfungen von grundsätzlichen wirtschaftlichen, gesellschaftlichen und sozialen Problemen und Herausforderungen. Sinnvoller wäre es, langfristig betrachtet, die vorhandenen und immer stärker werdenden Ungleichverteilungen und die daraus entstehenden Risikopotentiale an der Wurzel zu packen und geeignete und finanzierbare Lösungen zu finden.

Der Autor erwartet, dass die angeführten Kluften zwischen Geringverdienern und Einkommensstarken und insbesondere jene zwischen Mittellosen und sehr Vermögenden in den kommenden Jahren noch weiter ansteigen und in einigen Ländern zu Massenunruhen führen werden. Im dritten Teil dieses Buches wird der Autor auf mögliche weitere Entwicklungen im Zusammenhang mit diesen Kluften zwischen Arm und Reich zurückkommen.

## 2.8 Die weiter steigende Erderwärmung wird zu größeren Klimakrisen führen

Die weltweite Zerstörung unserer Umwelt in den letzten Jahrzehnten und insbesondere seit den 1950er Jahren und die fortschreitende Erderwärmung haben gerade in den letzten Jahren zu gravierenden Klimaveränderungen und zu vielen Umweltkatastrophen geführt. Auch wenn sich solche Schädigungen an unserer Umwelt schon in weltweit veröffentlichten Zahlen seit einigen Jahren abgezeichnet haben und man über Umweltkatastrophen in anderen Kontinenten häufig lesen und hören konnte, hat sich das Umweltbewusstsein in Europa und in den deutschsprachigen Ländern erst in den letzten Jahren deutlich verstärkt. Auch die vielen Protestveranstaltungen der Jugendlichen und der Umweltaktivisten haben dazu beigetragen.

So hat auch der neueste Copernicus-Bericht das Wetterjahr 2022 als eines der extremsten für Europa bezeichnet: Starkregen und Stürme führten zu Überflutungen. Dazu kamen Hitzewellen, welche Dürren und Wasserknappheiten verursachten. Die Durchschnittstemperatur lag in Gesamteuropa etwa 2,2 Grad über dem Niveau vor der Industrialisierung.[84]

Wer geglaubt hat, dass das Jahr 2022 eine besonders extreme Wetterentwicklung gezeigt hat, der wurde 2023 eines Besseren belehrt. Das Jahr 2023 brachte eine stark beschleunigte Erderwärmung mit einem Rekordwert von rund 1,5 Grad Celsius gegenüber den Vergleichsjahren 1850 bis 1900.[85]

Die entscheidenden Faktoren sind die Erderwärmung und der Klimawandel. Unter dem Begriff Klimawandel wird die

---

[84] Vgl. Deutschlandfunk: „Copernicus-Bericht. Hitze, Dürre, Wasserknappheit – Extremwetter in Europa"; https://www.deutschlandfunk.de. 2023, 21.April

[85] Vgl. Frankfurter Allgemeine: Müller-Jung, Joachim: „Beschleunigte Erderwärmung. Das Rekordjahr 2023 kratzt an der 1,5-Grad-Grenze; https://www.faz.net. 2024, 5.Januar

anthropogene, also durch Menschen verursachte, Veränderung des Klimas auf Erden verstanden. Dabei spielen die Emissionen von Treibhausgasen in die Atmosphäre eine maßgebliche Rolle, die zu Erhöhungen der Jahresdurchschnittstemperaturen auf der Erde führen.

Die gegenwärtige globale Erderwärmung ist am Anstieg der Durchschnittstemperatur der erdnahen Atmosphäre und der Weltmeere messbar. Die Erderwärmung hat mit Beginn der Industrialisierung im 19.Jahrhundert eingesetzt. Bis in die 1950er Jahre waren die Zunahmen der Erderwärmung noch sehr gering. Aber eigentlich hätte die Menschheit schon damals dies erkennen und erste Schritte dagegen einleiten können.

Mit dem Aufkommen von China als wirtschaftliche Supermacht und mit den wachsenden Energiebedürfnissen nicht nur der USA, sondern auch in Europa und anderen asiatischen Staaten und in den letzten Jahren auch durch die aufstrebenden Entwicklungsländer wie Indien und Brasilien hat sich der weltweite Klimawandel deutlich verschärft.

Bei einer Studie der größten gegenwärtigen Umweltprobleme liegt der Klimawandel voran. Die weiteren größten Umweltsorgen sind Wasserknappheit, Luftverschmutzung, Bodenerosion, Überbevölkerung, Abholzung, Artensterben und Welthunger.[86]

Heute ist es Konsens der internationalen Klimaforschung, dass der Klimawandel erkennbar durch den Menschen verursacht wurde und wird. Heute geht es nicht mehr darum, ob und in welchem Maße wir Menschen das Klima beeinflussen, sondern darum, inwieweit wir die Klimaveränderungen noch minimieren können. Nachdem in den 1970er und 1980er Jahren die Erderwärmung und der Klimawandel bereits erkennbar waren, fanden seit 1979 jährliche Weltklima-Konferenzen unter der Obhut der Vereinten Nationen statt.

---

[86] Vgl. CareElite: „10 Umweltprobleme unserer Zeit – Ursachen und Lösungen"; https://www.careelite.de. 2019, 3.April

Eine wesentliche Entwicklung gab es durch das Kyoto Protokoll im Jahre 1997. Dieses von den Vereinten Nationen geschlossene Abkommen legte erstmals völkerrechtlich verbindliche Zielwerte für den Ausstoß von Treibhausgasen in den Industrieländern fest. Der nächste wichtige Schritt war das Pariser Klimaabkommen von 2015, das dafür sorgen sollte, dass die Erderwärmung auf deutlich unter zwei Grad Celsius im Vergleich zur vorindustriellen Zeit begrenzt wird. Bei der Weltklimakonferenz Ende 2021 in Glasgow hat die internationale Staatengemeinschaft das Regelbuch vollendet und verabschiedet, um das Paris-Abkommen umzusetzen. Damit liegt es jetzt an allen Ländern, diese vereinbarten Ziele mit konkreten Maßnahmen zu erreichen. Auch Deutschland hat sich zur Einhaltung seiner Klimaziele verpflichtet.

Das Kernthema ist die Erderwärmung. Bis zu den 2010er Jahren betrug der Temperaturanstieg im Vergleich zur Periode 1850 bis 1900 nach Angaben des Weltklimarates etwa 1,1 Grad Celsius. Die Jahre 2016, 2020, 2022 und zuletzt insbesondere 2023 waren die bisher wärmsten Jahre seit Beginn der systematischen Messungen im Jahre 1880.

Bedauerlicherweise hat sich die Erderwärmung beschleunigt. Die über die Jahre 1956 bis 2005 berechnete Anstiegsrate war mit 0,13 Grad Celsius pro Jahrzehnt fast doppelt so hoch wie der über die Jahre 1906 bis 2005 gemessene Temperaturanstieg. Die Erderwärmung verläuft wesentlich schneller als alle bekannten Erwärmungszeiten der Erdneuzeit, also seit 66 Millionen Jahren.

Würde man die menschengemachte globale Erwärmung ohne verschärfte Klimaschutzmaßnahmen hochrechnen, dann würde die Temperatur bis zum Jahre 2100 um extrem bedrohliche vier bis fünf Grad Celsius steigen. Aufgrund der vereinbarten Klimaziele und der vereinbarten Reduktionen der Treibhausgas-Emissionen erwartet der Weltklimarat jetzt im günstigsten Fall bei sehr niedrigen Emissionen einen Anstieg der Erderwärmung um 1,8 Grad Celsius bis Ende des

21.Jahrhunderts. Bei einem Szenario mit mittelstarken Emissionen von Treibhausgasen wäre dies ein Anstieg um 2,1 bis 3,0 Grad Celsius und bei weiterhin sehr hohen Emissionen ein Anstieg von mindestens 3,3 bis maximal 5,7 Grad Celsius. Damit wird die Dringlichkeit von globalen Maßnahmen mehr als deutlich sichtbar.

Die Darstellung im Anhang 8 zeigt sehr anschaulich, welche dramatischen Folgen die Erderwärmung mit sich bringt und verursachen würde, wenn die Menschheit nicht sofort handelt.[87] Zur Erinnerung: im Jahr 2023 lagen wir bei plus 1,48 Grad Celsius über dem vorindustriellen Zeitalter.

Wenn wir weitermachen wie bisher, dann gerät die Erde bis zum Jahr 2100 auf dem plus 3,2 Grad Celsius-Pfad in eine unkontrollierte Erderhitzungsspirale mit Dürren und Hungersnöten für Milliarden von Menschen. Die Darstellung im Anhang 8 sollte allen Menschen und insbesondere den Klimakrisen-Leugner ständig vor Augen gehalten werden.

Ursache für die Erderwärmung ist die andauernde menschenverursachte Anreicherung der Erdatmosphäre mit Treibhausgasen, insbesondere mit Kohlenstoffdioxid CO2, Methan und Distickstoffmonoxid, die vor allem durch die Verbrennung fossiler Energieträger, durch die Entwaldung und durch die Landwirtschaft und dabei insbesondere durch die Viehwirtschaft freigesetzt werden.

Dadurch erhöht sich das Rückhaltevermögen für infrarote Wärmestrahlung in der Troposphäre, was den Treibhauseffekt verstärkt. Zu den laut Klimaforschung erwarteten und teilweise schon beobachteten Folgen der globalen Erwärmung zählen Gletscher- und Meereisschmelze, ein Meeresspiegelanstieg um bis zu 30cm bis zum Jahre 2050, das Auftauen von Permafrostböden mit Freisetzung von Methanhydrat, wachsende Dürrezonen und Wetter-Extreme wie übermäßige

[87] Vgl. orf.at: „Klimaschutzpläne führen zu drei Grad plus"; https://www.orf.at. 2022, 7.November

Hitzewellen, Stürme und Überschwemmungen mit entsprechenden Rückwirkungen auf die Lebenssituationen von Menschen und Tieren. Das Artensterben bei Tieren und Pflanzen wird sich weiter fortsetzen und sogar verstärken.

Einige Folgen würden sogar irreversibel sein und als Kippelemente im Erdsystem wirken. Ein aktueller Bericht der UN-Universität spricht von sechs Kipp-Punkten, welche die Erde ins Chaos stürzen könnten.[88] Dazu gehören beschleunigtes Artensterben, Erschöpfung des Grundwassers, Gletscherschmelze und unerträgliche Hitze. Interessanterweise zählen auch der stark gestiegene Weltraumschrott dazu sowie eine "nicht versicherbare" Zukunft. Die Zunahme von Katastrophen könnte die Versicherungspreise in kaum noch erschwingliche Höhen treiben, sodass sich viele Versicherer aus bestimmten Hochrisikogebieten zurückziehen könnten.

Sollte sich die Erde um mehr als drei Grad Celsius erwärmen, dann sei laut einer Studie von einem Forschungsteam unterschiedlicher Institute, welche in der Zeitschrift Biological Conservation veröffentlicht wurde, ein Drittel der auf dem Land lebenden heimischen Arten bedroht.[89] Bei den im Meer lebenden Arten wäre sogar nahezu die Hälfte extrem gefährdet. In Europa wären beispielsweise einheimische Bienenarten, Seevögel wie Papageientaucher und Fische wie Lachs und Kabeljau sowie die große Schmetterlings- und Pflanzenvielfalt in den Alpen betroffen.

Die Abholzung von Wäldern hat zur Folge, dass weniger CO2 aufgenommen werden kann und dadurch mehr CO2 in die Atmosphäre gelangt. Waldbrände auch durch Hitzewellen, feststellbares Waldsterben durch Umweltbelastungen tragen ebenfalls zur Reduktion von benötigten Waldflächen bei. Die Verbrennung von Kohle zur Stromerzeugung und die Abgase

---

[88] Vgl. ntv.: „Sechs Kipppunkte können die Welt ins Chaos stürzen"; https://www.n-tv.de. 2023, 25.Oktober
[89] Vgl. Zeit Online: „Einheimische Tierarten durch Klimawandel bedroht"; https://www.zeit.de. 2021, 9.April

der Industrien, von Fahrzeugen und Flugzeugen haben einen großen Anteil am Klimawandel.

Eine der Hauptursachen für die Klimakrise ist der Fleischverzehr. Für die Herstellung von Tierfutter mussten Wälder Platz für Felder und Weiden machen. Kühe, Schweine und Schafe stoßen zudem große Mengen an Methan aus. Die Folgen werden sein, dass der Klimawandel ganze Städte verschwinden lassen wird, Flüchtlingsströme ausgelöst werden und soziale Katastrophen verursacht werden.

Untenstehend ist eine Rangliste der weltweit größten Emittenten von CO2 im letzten Vor-Corona-Jahr 2019[90]. China, USA und Indien haben die größten Treibhausgas-Emissionen und verursachen zusammen etwa 50 Prozent aller CO2-Emissionen. Deutschland liegt beim CO2-Ausstoß an sechster Stelle weltweit. Seit dem Beginn der Industrialisierung hat Deutschland nahezu fünf Prozent zur globalen Erderwärmung beigetragen.

**Rangliste der weltweiten $CO_2$-Emittenten**

| Ranking | $CO_2$-Emissionen in Mio. t | globaler Anteil in % |
|---|---|---|
| 1. China | 11.256 | 29,7 |
| 2. USA | 5.275 | 13,9 |
| 3. Indien | 2.622 | 6,9 |
| 4. Russland | 1.748 | 4,6 |
| 5. Japan | 1.199 | 3,2 |
| 6. Deutschland | 753 | 2,0 |
| 7. Iran | 728 | 1,9 |
| 8. Südkorea | 695 | 1,8 |
| 9. Saudi-Arabien | 625 | 1,7 |
| 10. Kanada | 594 | 1,6 |

[90] Vgl. co2online: „CO2-Ausstoß der Länder: Top-10 Länder und Pro-Kopf-Verbrauch im Überblick"; https://www.co2online.de. 2020, 14.April

Nimmt man alle 27 EU-Staaten zusammen, dann liegen die Gesamtemissionen der Europäischen Union auf Platz 3 hinter China und den USA. Als stärkste Volkswirtschaft in Europa und als eine der größten Volkswirtschaften weltweit trägt Deutschland deshalb eine große Verantwortung. Wenn man den Pro-Kopf-Ausstoß betrachtet, dann ist jeder Deutsche jährlich für 9,7 Tonnen CO2-Emissionen verantwortlich. Das ist etwa doppelt so hoch wie der aktuelle weltweite jährliche Durchschnitt mit rund 4,8 Tonnen.

Dazu kommt, dass Deutschland ein hochentwickeltes Industrieland ist und deshalb besonders viele Möglichkeiten hat, bei der Mobilität, bei der Energieerzeugung und bei der effizienten Energienutzung technologische und technische Wege aus der Klimakrise aufzuzeigen, denen dann andere Länder folgen können und hoffentlich auch werden.

Auch wenn China seit einigen Jahren den größten CO2-Ausstoß verursacht, so liegen die USA mit jährlich 16,1 Tonnen CO2-Emissionen pro Kopf noch etwa doppelt so hoch wie China mit etwas über acht Tonnen. Auch Deutschland verzeichnet heutzutage noch einen höheren Pro-Kopf-Ausstoß als die VR China.

Die Studie des Klimaportals Carbon Brief stellt die historische Verantwortung für den Klimawandel in den Mittelpunkt aktueller Debatten. Insgesamt hat die Menschheit seit dem Jahre 1850 und dem Beginn der Industrialisierung rund 2.500 Milliarden Tonnen CO2 in die Atmosphäre gebracht und zeichnete damit für eine Erderwärmung von plus 1,1 Grad bis zum Jahr 2021 verantwortlich. In dieser Analyse werden nicht nur die Emissionen aus fossilen Brennstoffen, sondern auch diese aus Land-, Vieh- und Forstwirtschaft berücksichtigt. Immerhin verursachten Forstwirtschaft und Landnutzungswechsel fast ein Drittel der Gesamtemissionen seit dem Jahre 1850.

Würde man die höchsten CO2-Emissionen seit 1850 heranziehen[91], dann ist die Rangfolge der größten CO2-Verursacher nicht überraschend: Platz eins nehmen die USA ein, gefolgt von China und Russland. Nach Brasilien und Indonesien folgt Deutschland auf dem sechsten Platz. Würde nur der CO2-Ausstoß aus fossilen Energieträgern berücksichtigt werden, würde Deutschland der weltweit viertgrößte CO2-Verursacher seit dem Jahre 1850 sein. Brasilien und Indonesien ranken nur wegen der vielen Rodungen in der Gesamtbetrachtung vor Deutschland. Nach Deutschland folgen Indien, Großbritannien, Japan und Kanada.

Es muss erwartet werden, dass sich in den kommenden Jahren die Wetterextreme auch in Europa verschärfen werden. Die deutlich höheren Wassertemperaturen des Mittelmeers in den Sommermonaten bedeuten deutlich höhere Verdunstungen, welche typische Mittelmeer-Tiefdruckgebiete bilden. Dies wird zu höheren Niederschlagsmengen, zu Starkregen und Überflutungen führen.[92] Gleichzeitig werden immer mehr Gebiete auch in Europa unter immer größer werdenden Wassermangel leiden und versteppen.

### Globale Klimaänderungen bis zum Jahr 2100:

Es gibt einige internationale Modellrechnungen, welche versuchen, die Ausmaße und Auswirkungen der Klimaveränderungen bis zum Jahr 2100 zu berechnen, wobei vielfältige und komplexe Wechselwirkungen berücksichtigt werden müssen. Aus Szenarien-Rechnungen lassen sich folgende mögliche zu erwartende Klimaänderungen für das 21. Jahrhundert ableiten:[93]

---

[91] Vgl. Travelbook: Resch, Susanne: „Analyse zum CO2-Ausstoß seit 1850. Die Länder, die bis heute am schädlichsten für das Weltklima waren"; https://www.travelbook.de. 2021, 27.Oktober

[92] Vgl. Geomar: „Wie das immer wärmer werdende Mittelmeer Starkregenereignisse beeinflusst"; https://www.geomar.de. 2023

[93] Vgl. Umwelt Bundesamt: „Zu erwartende Klimaänderungen bis 2100"; https://www.umweltbundesamt.de. 2023

-Bis zum Jahr 2100 wird, abhängig von den zukünftigen Treibhausgas-Emissionen, von einem mittleren globalen Temperaturanstieg zwischen 1,6 und 4,7 Grad Celsius gegenüber dem Zeitraum 1850 bis 1900 ausgegangen.[94]

-Werden die Treibhausgas-Emissionen nicht verringert, ist eine Erwärmung um 0,2 Grad Celsius pro Dekade für die nächsten 30 Jahre sehr wahrscheinlich. Selbst bei einer Stabilisierung der Treibhausgas-Konzentrationen bis zum Jahr 2100 wird sich das Klima über das 21. Jahrhundert hinaus verändern und insbesondere die Meeresspiegel werden weiter ansteigen.

-Die Meeresspiegel reagieren wegen der großen Wärmeaufnahme-Kapazität langsamer auf den Klimawandel. Einmal eingetretene Veränderungen werden dann aber über viele Jahrhunderte anhalten. Im Vergleich zum Zeitraum von 1980 bis 1999 wird bis zum Ende des 21. Jahrhunderts von einem Anstieg des Meeresspiegels für ein niedrigeres Szenario zwischen 18 und 59 Zentimetern und für ein höheres Szenario zwischen 26 und 59 Zentimetern ausgegangen.[95]

-Aktuelle Beobachtungen zeigen eine beschleunigte Eisdynamik in polaren Gebieten, die noch nicht in den Klimamodellen berücksichtigt sind. In jüngeren Fachveröffentlichungen weisen die Projektionen sogar deutlich höhere Werte auf. So wird nach Erkenntnissen des AMAP (Arctic Monitoring and Assessment Programme)[96] bis zum Jahr 2100 mit einem Anstieg der Meeresspiegel von 0,90 bis 1,60 Metern gerechnet.

-Ganze Kontinente und Meeresbecken weisen deutliche Klima-Veränderungen auf. Modelle zeigen, dass sich diese Trends auch im 21. Jahrhundert fortsetzen werden. Die räumliche

---

[94] Vgl. IPCC: „AR5 Synthesis Report: Climate Change 2014"; https://www.ipcc.ch. 2014

[95] Vgl. Umwelt Bundesamt: „Zu erwartende Klimaänderungen bis 2100"; https://www.umweltbundesamt.de. 2023

[96] Vgl. AMAP Arctic Monitoring & Assessment Programme: "AMAP and the Arctic Council"; https://www.amap.no. 2021

Verteilung der Erwärmungstrends der letzten 50 Jahre wird sich ohne weiteren Klimaschutz fortsetzen, insbesondere die Landmassen und die hohen nördlichen Breiten werden betroffen sein. Danach steigen die Temperaturen dort stärker als im globalen Durchschnitt. Damit würde die für den grönländischen Eisschild kritische Temperaturschwelle erheblich überschritten. Dieser würde bei anhaltend hoher Erwärmung komplett abschmelzen und den Meeresspiegel langfristig um sieben Meter ansteigen lassen.[97]

-Steigendes Risiko des Auftauens von Permafrostböden und damit Freisetzung großer Methanmengen durch steigende Erwärmung, zusätzliche Freisetzung von Kohlendioxid und damit Verstärkung des Klimawandels durch großflächiges Absterben des Regenwaldes, wie beispielsweise im Amazonasgebiet.

Für Europa werden aus den Szenarien-Rechnungen folgende wesentliche Klimaänderungen abgeleitet:[98]

-Die Erwärmung wird sich am stärksten in Ost- und Nordeuropa im Winter und in Südwesteuropa und im Mittelmeerraum im Sommer zeigen.

-Allgemein werden die jährlichen Niederschläge in Nordeuropa zunehmen und in Südeuropa abnehmen. Jahreszeitlich werden insbesondere im Winter zunehmende Niederschläge für Mittel- und Nordeuropa projiziert, während die Projektionen für viele Teile Europas trockenere Sommer zeigen.

-Hitzewellen werden häufiger und intensiver auftreten und länger dauern. Im Winter werden die kalten und Frosttage weiter abnehmen. Am stärksten werden die Iberische Halbinsel,

---

[97] Vgl. Umwelt Bundesamt: „Zu erwartende Klimaänderungen bis 2100"; https://www.umweltbundesamt.de. 2023

[98] Vgl. Umwelt Bundesamt: „Zu erwartende Klimaänderungen bis 2100"; https://www.umweltbundesamt.de. 2023

Mitteleuropa einschließlich des Alpenraumes, die Ostküste der Adria und Süd-Griechenland durch extreme Temperaturen beeinflusst werden.

-Starkniederschlags-Ereignisse werden in ganz Europa weiterhin zunehmen. Besonders in Südeuropa werden Dürreperioden in ihrer Andauer und ihrer Häufigkeit ansteigen.

-Insgesamt ist zu erwarten, dass vor allem der Süden Europas durch negative Effekte als Folge von Klimaänderungen betroffen sein wird. Besonders in mediterranen Regionen werden Wüsten-Bildungen, Wasserknappheit und Waldbrände zunehmen.

Diese Erkenntnisse und fundierte Prognosen unterstreichen die Dringlichkeit der Einhaltung der vereinbarten Klimaziele gemäß dem Pariser Abkommen. Auch aufgrund der wirtschaftlichen Krisen wurden die erforderlichen Maßnahmen in den vergangenen drei Jahren ebenfalls in Europa nicht genügend umgesetzt.

Deshalb erwartet der Autor, dass die vereinbarten CO2-Emissions-Reduktionsziele bis zum Jahr 2050 weltweit und auch europaweit nicht erreicht werden. Deutschland und einige wenige andere Staaten werden nach Ansicht des Autors ihre Klimaziele bis 2050 erreichen können, aber viele andere besonders große CO2-Emittenten werden vermutlich die erforderlichen Reduktionen von CO2-Emissionen nicht schaffen. Dazu werden vermutlich auch die USA, die VR China, Russland und Brasilien zählen.

Auch die eben genannten Länder werden die Folgen der Erderwärmung und des Klimawandels zu spüren bekommen und konsequentere Maßnahmen im Laufe der zweiten Jahrhundert-Hälfte ergreifen, um die allerschlimmsten Folgen etwas einzudämmen. Dennoch befürchtet der Autor, dass die Erderwärmung weiter zunehmen wird und im Jahr 2100 nicht wie erwünscht bei plus 1,5 bis maximal zwei Grad Celsius über dem vorindustriellen Zeitalter liegen wird, sondern bei Werten zwischen plus 2,5 bis drei Grad Celsius.

Die Folgen können in der Grafik im Anhang 8 nachgesehen werden: hohes Risiko einer unkontrollierten Erderhitzungsspirale, Dürren und Hungerkatastrophen für Milliarden von Menschen, die zu Chaos und geopolitischen Krisen führen könnten und wahrscheinlich auch werden.

## 2.9 Übermäßiger Ressourcenverbrauch und zunehmende Wasserknappheiten

Die Industrialisierung hat nicht nur zu den gegenwärtigen und immer stärker werdenden Umweltbelastungen und Klimakrisen geführt, sondern auch zu einem übermäßigen Verbrauch von Ressourcen. Eigentlich sollte die Menschheit langfristig betrachtet jährlich nur so viele Ressourcen verbrauchen als biologisch wiederhergestellt werden. Leider lebt die Menschheit seit einigen Jahrzehnten quasi „auf Pump" gegenüber der Umwelt und Natur und verbraucht jährlich wesentlich mehr als ihr zustehen würde. Anders ausgedrückt heißt dies aber auch, dass wir Menschen heutzutage unserer Nachwelt wesentlich weniger Ressourcen weltweit hinterlassen als unsere Nachkommen bekommen sollten und als wir selbst jährlich beanspruchen.

Wir Menschen leben in mehrfacher Hinsicht nicht nachhaltig. Das internationale Global Footprint Network berechnet den jährlichen Verbrauch aller biologischer Ressourcen und stellt diesen der neuen Generierung im Laufe eines Jahres gegenüber. Der sogenannte „Earth Overshoot Day"[99] markiert das Datum pro Jahr, an dem die Menschheit alle biologischen Ressourcen verbraucht hat, welche die Erde im Laufe eines Jahres regeneriert. Im Jahr 2023 wurde dieser Tag weltweit am 2.August erreicht.[100] Neben dem Klimaschutz muss mehr auch für den Ressourcenschutz getan werden.

Die folgende Grafik zeigt eine Entwicklung des Earth Overshoot Day im Zeitraum von 1971 bis 2023. Dabei lässt sich erkennen, dass dieser Tag im Jahre 1971 erst Ende Dezember erreicht wurde, was gleichbedeutend mit einer nahezu vollständigen Regenerierung der biologischen Ressourcen im gleichen Jahr 1971 war. Die Grafik dokumentiert allerdings auch, dass die

---

[99] Vgl. Wikipedia: „Earth Overshoot Day"; https://de.wikipedia.org. 2023

[100] Vgl. Earth Overshoot Day: Pressemitteilung: "This year's Earth Overshoot Day lands on August 2"; https://www.overshootday.org. 2023, 5.Juni

Menschheit gegenwärtig um etwa 70 Prozent zu viel an Ressourcen verbraucht.

In der untenstehenden Grafik lässt sich an der dunkleren Fläche ersehen, dass dieser Earth Overshoot Day immer weiter nach vorne im Jahresablauf gerutscht ist:

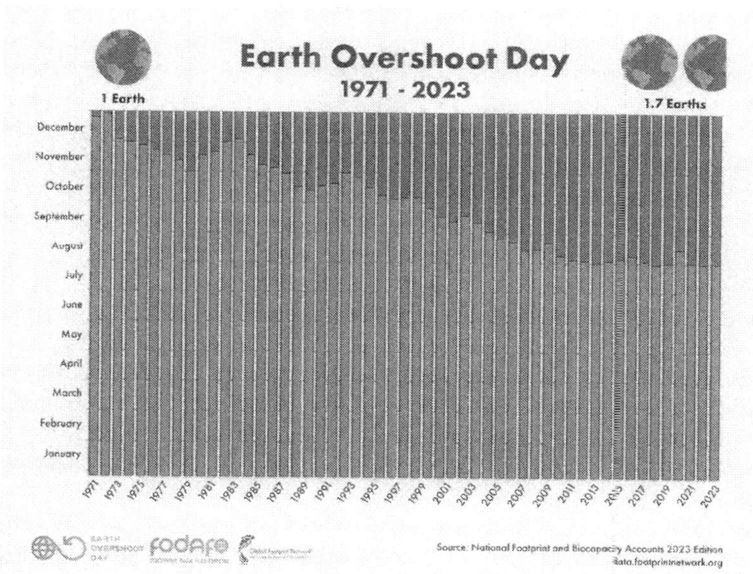


Die nachfolgende Grafik zeigt, dass die meisten europäischen Staaten diesen Tag im Jahr 2023 schon im Zeitraum März bis Juni erreicht haben. Nach den Berechnungen lag dieser Overshoot Day in Deutschland bereits am 4.Mai 2023, in Österreich sogar schon am 6.April und in der Schweiz am 13.Mai 2023:

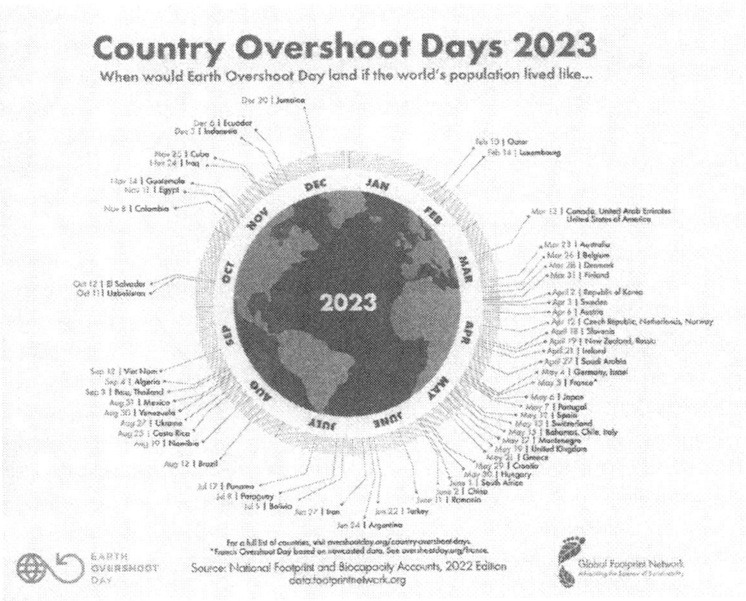


Der Club of Rome sorgte bereits vor über 50 Jahren im Jahr 1972 mit dem vielbeachteten Bericht „The Limits of Growth" („Die Grenzen des Wachstums"), der am Massachusetts Institute of Technology erstellt worden war, weltweit für viel Aufsehen.[101] [102] Die wesentliche Kernaussage lautete damals, dass die natürlichen Ressourcen in wenigen Jahrzehnten erschöpft sein würden, wenn die Menschheit und Wirtschaft so weiterwüchsen wie bis anhin. Glücklicherweise haben sich einige der Aussagen etwas relativiert, wenngleich die Hauptbotschaft des übermäßigen Ressourcenbrauchs nach wie vor stimmt, wie eben bereits dargestellt wurde.

Jetzt 50 Jahre später fordert eine Forschergruppe unter Beteiligung des Club of Rome mit einem Fünf-Kehrtwenden-Plan eine radikale Neuausrichtung der internationalen

---

[101] Vgl. Deutsche Gesellschaft Club of Rome: „50 Jahre Die Grenzen des Wachstums"; https://www.clubofrome.de. 2022

[102] Vgl. Meadows, Dennis u.a.: Buch "Die Grenzen des Wachstums. Bericht des Club of Rome zur Lage der Menschheit". Deutsche Verlags-Anstalt. ISBN: 978-3421026330. 1972

Wirtschafts- und Klimapolitik.[103] Dabei geht es besonders um die Bereiche Energie, Steuern und soziale Gerechtigkeit. Andernfalls drohe ganzen Weltregionen der Kollaps. Neben dem Club of Rome waren an diesem „Survivalguide für unseren Planeten“ das Potsdam-Institut für Klimafolgenforschung, die schwedische Forschungseinrichtung Stockholm Resilience Centre und die norwegische Wirtschaftshochschule Norwegian Business School beteiligt. Der Autor unterstützt ausdrücklich die meisten dieser Forderungen.

An dem Bericht „Earth4All“ hat eine Gruppe von mehr als 30 führenden Wissenschaftlern und Wissenschaftlerinnen aus der ganzen Welt zwei Jahre lang mit modernsten Computermodellen Maßnahmen erforscht, mit denen „innerhalb der planetarischen Grenzen innerhalb einer Generation Wohlstand für alle erreicht werden könne“.[104]

Einer der Autoren dieser Studie, der emeritierte norwegische Professor für Klimastrategie Jorgen Randers, erläutert mit deutlichen Worten: „Wir stehen am Scheideweg. Ein Survivalguide für unseren Planten ist dringend erforderlich“, um aufgrund des Klimawandels und globaler Ungleichheit eine lebenswerte Zukunft zu sichern. Dabei wird die vom Club of Rome gestartete Initiative „Earth4All“ mit Vorschlägen zu einem Wandel präsentiert. Die Menschheit „lege derzeit die Saat für den Zusammenbruch ganzer Weltregionen“. „Ein Beibehalten der bestehenden Wirtschaftssysteme werde die „Spannungen verstärken und den Wohlstand verringern.“[105]

---

[103] Vgl. Club of Rome: „Earth for All: Ein Survivalguide für unseren Planeten Der neue Bericht an den Club of Rome, 50 Jahre nach Die Grenzen des Wachstums“. Oekom Verlag. ISBN: 978-3962383879. 2022, 6.September

[104] Vgl. Club of Rome: „Earth for All: Ein Survivalguide für unseren Planeten Der neue Bericht an den Club of Rome, 50 Jahre nach Die Grenzen des Wachstums“. Oekom Verlag. ISBN: 978-3962383879. 2022, 6.September

[105] Vgl. Club of Rome: „Earth for All: Ein Survivalguide für unseren Planeten. Der neue Bericht an den Club of Rome, 50 Jahre nach Die Grenzen des Wachstums“. Oekom Verlag. ISBN: 978-3962383879. 2022, 6.September

Würden die nötigen Veränderungen nicht umgehend angestoßen werden, droht gemäß den Autoren ein Szenario, bei dem sich die Erde bis 2100 um etwa 2,5 Grad Celsius erwärmen würde und damit die ärmeren Länder besonders extremen Bedingungen ausgesetzt wären und der weltweite Wohlstand bis Mitte dieses Jahrhunderts um durchschnittlich 40 Prozent gegenüber den 2020er Jahren sinken würde.

Als Lösung schlagen die Autoren des Survivalguides fünf Kehrtwenden vor.[106] Dazu zählen unter anderem eine „Überwindung der Armut" durch eine Reform des internationalen Finanzsystems. Eine weitere wesentliche Kehrtwende dieses Guides ist die „Umstellung auf saubere Energie" und die damit erreichbare Klimaneutralität bis zum Jahr 2050. Weitere Kehrtwenden sind die Beseitigung der eklatanten Ungleichheiten, die Ermächtigung (Empowerment) der Frauen und der Aufbau eines für Menschen und Ökosysteme gesunden Nahrungsmittelsystems.[107] [108] Unter Empowerment der Frauen verstehen die Autoren eine deutlich stärkere Beteiligung von Frauen in politischen, wirtschaftlichen und gesellschaftlichen Entscheidungsgremien.

Zu den Vorschlägen der Autorengruppe gehören Investitionen in erneuerbare Energien und in Energie-Effizienz in Höhe von einer Billion US-Dollar pro Jahr und höhere Steuern für die wohlhabendsten Bürger zum Abbau der Vermögens-Ungleichheiten.

Erkennbar ist, dass Rohstoffe auch immer häufiger als Waffen in Wirtschaftskriegen eingesetzt werden. Beispiele in der jüngeren Vergangenheit sind die künstliche Verknappung von fossilen Energieträgern durch Russland für einige europäische

---

[106] Vgl. Club of Rome: Buch „Earth for All: Ein Survivalguide für unseren Planeten. Der neue Bericht an den Club of Rome, 50 Jahre nach Die Grenzen des Wachstums". Oekom Verlag. ISBN: 978-3962383879. 2022, 6.September
[107] Vgl. Süddeutsche Zeitung: „Wie sich die Menschheit noch retten kann"; https://www.sueddeutsche.de. 2022, 6.September
[108] Vgl. zdf heute: „Neuer Club of Rome Report. Wie sich die Menschheit noch retten kann"; https://www.zdf.de. 2022, 6.September

Länder mit erheblichen wirtschaftlichen Konsequenzen oder die Verknappung mancher technologisch wichtiger Rohstoffe durch die VR China (Stichwort: Seltene Erden).

## Zu geringe Wasser-Ressourcen und steigender Wassermangel:

Viele Menschen in unseren Breitekreisen sind sich oftmals nicht bewusst, dass auch Wasser weltweit betrachtet eine knappe Ressource ist, mit der sorgsam umgegangen werden sollte. Aufgrund der steigenden Wasser-Bedürfnisse wird dieser Rohstoff immer knapper. Dies wurde gerade in den heißen Sommern 2022 und 2023 auch vielen Europäern bewusst. Alle Kontinente leiden an manchen Orten mehr oder weniger an Wassermangel. Weltweiter Wassermangel wird vermutlich nicht nur große wirtschaftliche Folgen haben, sondern könnte geopolitische Krisen und sogar bewaffnete Konflikte auslösen.

Im Jahr 2019 erklärte das Weltwirtschaftsforum die Wasserknappheit und ihre Auswirkungen sogar zur größten Gefahr für die 2020er Jahre.[109] [110] Auch für den Autor rangiert Wasserknappheit gegenwärtig nach dem Klimawandel und den Risiken von atomaren Auseinandersetzungen unter den aktuellen Top-Gefahren für die Menschheit.

Wasserknappheit besteht, wenn in einer Volkswirtschaft oder in einer Region nicht genügend Wasserressourcen vorhanden sind, um den Wasserbedarf der Bevölkerung und der Wirtschaft zu decken. Gegenwärtig leidet bereits etwa die Hälfte der Weltbevölkerung mindestens einen Teil des Jahres unter schwerer Wasserknappheit, wobei die Gründe sowohl klimatischer als auch nicht-klimatischer Natur sind.[111] Auch die

---

[109] Vgl. World Economic Forum: "Davos 2019"; https://www.weforum.org. 2019, Januar

[110] Vgl. Deutschlandfunk: Schulz, Arne: „Davos mit Appell zur globalen Zusammenarbeit"; https://www.deutschlandfunk.de. 2019, 26.Januar

[111] Vgl. Focus Online: „Ressourcen erschöpft. Ein Viertel der Welt ist rot: Karte zeigt, wo Wasser schon knapp ist"; https://www.focus.de. 2023

Hälfte der größten Städte der Welt ist bereits stark vom Wassermangel betroffen.

Wasserknappheit hat verschiedene Auswirkungen. Dazu zählen die Unterdeckung der vorhandenen Nachfrage nach Wasser, die wirtschaftlichen Wettbewerbe um Wassermengen und Wasserqualität, die bereits erwähnten Konflikte zwischen Nationen und Regionen, die irreversible Reduktion des Grundwassers und weitere negative Folgen für die Umwelt.[112]

97 Prozent des gesamten Wassers auf der Erde ist Salzwasser. Von den drei Prozent Süßwasser sind nur 0,014 Prozent leicht zu erreichen, da sich der überwiegende Anteil an schwer erreichbaren Orten befindet wie an den polaren Eiskappen. Aufgrund der zunehmenden Erderwärmung und den Klimakrisen, aufgrund der weltweit steigenden Wasser-Bedürfnisse und aufgrund der ungleichen Verteilung der Wasser-Ressourcen werden die Wasserkrisen zunehmen. So wird nach Schätzungen erwartet, dass bis etwa zum Jahr 2040 die globale Wasser-Nachfrage die verfügbaren Süßwasser-Mengen um rund vierzig Prozent übersteigen wird. Dies unterstreicht die Dringlichkeit, dieser besonders wichtigen Ressource allergrößte Bedeutung zuzuordnen.[113] [114]

Wasserknappheit besteht, weil das Süßwasser geographisch und saisonal ungleich verteilt ist. Zu den wesentlichen Gründen für den Anstieg des weltweiten Wassermangels zählen die wachsende Weltbevölkerung, steigender Lebensstandard, verändertes Konsumverhalten, die Ausweitung der künstlichen Bewässerung in der Landwirtschaft, der Klimawandel mit steigenden Dürren und Überschwemmungen, die Abholzung, zunehmende Wasser-Verschmutzung und ein allzu verschwenderischer Wasserverbrauch. Dies dokumentiert,

---

[112] Vgl. Bundesministerium für wirtschaftliche Zusammenarbeit und Entwicklung: „Klimawandel verschärft weltweit Wasserknappheit"; https://www.bmz.de. 2019, 21.März
[113] Vgl. United Nations: "World Water Day 2023"; https://www.un.org. 2023, 23.März
[114] Vgl. WirtschaftsWoche: „Weltwasserforum. Milliarden sitzen auf dem Trockenen. Wasserknappheit in Europa"; https://www.wiwo.de. 2022

dass die Wasserknappheiten so wie die Erderwärmung und der Klimawandel anthropogen sind, also von Menschen verursacht werden. Darum sollte die Menschheit mit korrigierenden Maßnahmen einschreiten, um die schwerwiegendsten Auswirkungen etwas zu begrenzen.

Die zunehmenden Dürre-Perioden und -Ereignisse rücken das Problem der Wasserknappheit in den Mittelpunkt des Bewusstseins der Menschen, aber auch der Regierungen und der zuständigen Behörden. In Deutschland war man beispielsweise noch vor wenigen Jahren der Ansicht, über ausreichend Wasser zu verfügen. Diese Ansicht hat sich spätestens seit dem Sommer 2022 verändert. Über 50 Prozent der deutschen Kommunen meldeten damals Wassermangel-Situationen. 16 Prozent der Gemeinden untersagten punktuell Autowaschen und sonstige Bewässerungen. In manchen Kommunen war die Wasserknappheit so groß, dass nicht ausreichend Wasser für Haushalte und Feuerwehreinsätze zur Verfügung stand. Als Industrieland ist gerade der Wasserverbrauch der deutschen Industrie mit einem Anteil von 72 Prozent besonders groß.[115]

An dieser Stelle sollen noch einige Fakten zum weltweiten Wassermangel genannt werden. Gegenwärtig haben 2,2 Milliarden Menschen weltweit keinen regelmäßigen Zugang zu sauberem Wasser. Knapp 800 Millionen Menschen verfügen nicht einmal über eine Grundversorgung mit Trinkwasser. Die UN schätzen, dass im Jahr 2040 die weltweiten Süßwasser-Vorkommen der Erde den weltweiten Bedarf nur noch zu 70 Prozent decken werden. Gemäß dem World Water Report der Vereinten Nationen werden nahezu 50 Prozent der Weltbevölkerung im Jahr 2030 in Regionen leben die kaum natürliches Trinkwasser haben werden.[116]

---

[115] Vgl. FocusOnline: Sackmann, Christoph: „Wassermangel in Deutschland: Diese Maßnahmen kommen im Sommer auf Sie zu"; https://www.focus.de. 2023, 19.Juni

[116] Vgl. United Nations: "World Water Day 2023"; https://www.un.org. 2023, 23.März

Die neuesten UN-Weltwasserberichte, die jeweils am 22.März, dem Weltwassertag, veröffentlicht werden, halten zwar fest, dass es einen weltweiten Konsens gäbe, dass Wasser überlebenswichtig und deshalb auch ein Menschenrecht sei, dennoch würde die praktische Umsetzung dieses Menschenrechts bei Weitem nicht ausreichen. Darum bekräftigen die UN, dass sicheres Wasser und sanitäre Einrichtungen zu den 17 wichtigen Zielen für eine nachhaltige Entwicklung der UN gehören. Deshalb sei auch wie beim weltweiten Klima eine geeignete Transformation bei der Wasserversorgung dringend erforderlich. Entsprechende hohe Investitionen und eine effizientere Wassernutzung seien deshalb notwendig, um die weltweite Wasserversorgung für möglichst viele Menschen sicherzustellen.[117]

Da die Wirtschaft und die Industrie einen hohen Wasserverbrauch aufweisen, haben viele Unternehmen in ihrer „Corporate Social Responsibilty" ihre Verantwortung erkannt und leisten freiwillig ihren Beitrag für ein nachhaltiges und verantwortungsvolles Wirtschaften von benötigtem Wasser. Neben Regierungen und Unternehmen müssen auch die Zivilgesellschaften Verantwortung übernehmen, so wie sie diese beim Umwelt- und Klimaschutz wahrnehmen sollten. Jeder Mensch beeinflusst mit seinem täglichen Verbrauch die globalen Wasserverhältnisse und hinterlässt seinen persönlichen „Wasser-Fußabdruck". Vorrausetzung dafür ist die Erkenntnis, dass der bereits bestehende Wassermangel nur durch einen gemeinsamen Einsatz von Politik, Wirtschaft und Zivilgesellschaft überwunden werden kann.

Andrew Steer, Leiter des World Ressource Institute, formuliert deutlich, dass „Wasserstress die größte Krise ist, über die kaum jemand spricht" und dass die Folgen von Wassermangel in Form von Ernährungsmangel, Konflikten und Migration bereits nicht mehr zu übersehen seien.[118]

---

[117] Vgl. United Nations: "World Water Day 2023"; https://www.un.org. 2023, 23.März
[118] Vgl. World Resources Institute: "Updated Global Water Risk Atlas Reveals Top-Water-Stressed Countries and States"; https://www.wri.org. 2019, 6.August

Der Autor fokussiert sich in diesem Kapitel auf den europäischen Kontinent, da die Darstellungen der Wasserknappheiten auf allen anderen Kontinenten den Rahmen dieses Buches überfrachten würden. Der Wasserbedarf in Europa ist in den letzten Jahren ständig deutlich gestiegen, sodass seither ein Rückgang der erneuerbaren Wassermenge um 24 Prozent festzustellen ist. Laut dem Weltklimarat werden ab 2070 etwa 44 Millionen Europäer an starkem Wassermangel leiden.[119] Flüsse in Zentral- und Südeuropa könnten dann gemäß heutigen Prognosen bis zu 80 Prozent weniger Wasser führen.

In Europa sind vor allem die südeuropäischen Länder von einem Wassermangel betroffen. Dies hat sich auch in den Sommern 2022 und 2023 deutlich in Italien, Spanien, Portugal und Griechenland gezeigt, wo lange Hitzewellen und Dürreperioden zu großen Ernteverlusten geführt haben.[120] Spanien ist generell eines der trockensten Länder Europas. Nahezu zwei Drittel des spanischen Festlands sind von einer möglichen Wüstenbildung bedroht. Hier sollen Technologien zur Entsalzung von Meerwasser die Wasserknappheit etwas abschwächen.

In Italien erlebte die Po-Ebene im Sommer 2022 die schlimmste Dürre seit 70 Jahren. Der kleine Mittelmeer-Staat San Marino zählt ebenfalls zu den wasserärmsten Regionen. In Griechenland fehlte auf einigen Inseln Trinkwasser, welches in den Sommermonaten vom griechischen Festland importiert werden musste. Auch im Süden Frankreichs zeigten sich einige Gebiete mit erheblichem Wassermangel. In den Sommern musste in manchen französischen Regionen Trinkwasser mit Tankwägen angeliefert werden.

---

[119] Vgl. Stern: Leitner, Christine: „In Europa wird das Wasser knapp. Daran liegt es, das sind die Folgen und so wird gegengesteuert"; https://www.stern.de. 2022, 7.August

[120] Vgl. Redaktionsnetzwerk Deutschland rnd: „UN-Weltklimarat warnt. Wassermangel und schlechte Ernten: Der Klimawandel bedroht auch die Landwirtschaft in Europa"; https://www.rnd.de. 2022, 3.März

Die Folgen des Klimawandels und Wassermangels lassen sich vielfach an der Fauna in Südeuropa erkennen. So bleiben einige Zugvögel weiter nördlich in Europa und überwintern dort. Aus dem knapp dargestellten welt- und europaweiten Wassermangel wird deutlich ersichtlich, dass die gesamte Menschheit, die UN und praktisch alle weltweiten Regierungen und Zivilgesellschaften es als essenzielle Aufgabe ansehen sollten, dem wichtigsten aller Rohstoffe, dem Wasser, mehr Bedeutung zuzuordnen und eine ausreichende Wasserversorgung und besonders die Bereitstellung von sauberem Trinkwasser für möglichst alle Menschen sicherzustellen.

Auch die europäischen Staaten, ihre Regierungen und Gesetzgebungen, deren Wirtschaft und Zivilgesellschaften sollten aktive Beiträge leisten, um die Quantität und Qualität unserer Wasserversorgung auf einem hohen Niveau sicherzustellen. Dazu gehören folgende Maßnahmen und Schritte:

1)Ein wesentlicher Faktor ist die Erkenntnis, dass Wasser ein besonders wertvolles Gut und ein enorm wichtiger Rohstoff ist, mit dem sorgsam umgegangen werden sollte. Eine solche Erkenntnis aller Menschen ist die Voraussetzung für korrektes Handeln und für einen sparsamen Umgang.

2) Die erforderliche Reduktion der Erderwärmung durch geringere CO2-Emissionen könnte die verheerenden Auswirkungen auf den Klimawandel etwas eindämmen. Dies könnte auch die befürchteten weltweiten Wasserkrisen etwas verringern.

3) Zur Finanzierung weiterer technologischer Entwicklungen, um die benötigten Mengen an Süßwasser weltweit deutlich zu erhöhen, sollten insbesondere die europäischen Staaten die erforderlichen Investitionen leisten bzw. steuerlich unterstützen. Dazu gehören verbesserte Meerwasser-Entsalzungsanlagen

für Trink- und Brauchwasser und vertretbare Lösungen zur Schaffung von künstlichem Regen.[121] [122]

4) Arme Entwicklungsländer leiden besonders unter Wassermangel in mehrfacher Hinsicht, der vielfach auf den Klimawandel zurückzuführen ist. Diesbezüglich sollte Europa noch mehr gezielte Entwicklungshilfen leisten, um die Versorgung mit sauberem Trinkwasser in diesen betroffenen Entwicklungsländern deutlich zu verbessern.

5) Für alle und insbesondere für die Wirtschaft und die Zivilgesellschaften gilt, den Wasserverbrauch mit geeigneten Maßnahmen gezielt einzudämmen. Diesbezüglich regt der Autor eine Art Bonus/Malus-Regelung an, mit der Unternehmen und Betriebe sowie auch private Haushalte für deren Wasserverbrauch finanziell „belohnt" oder „bestraft" werden.

---

[121] Vgl. Wikipedia: „Cloud Seeding"; https://de.wikipedia.org. 2023

[122] Vgl. Frankfurter Allgemeine: Ehrhardt, Christoph: „Vereinigte Arabische Emirate. Wenn Piloten für mehr Regen Wolken jagen"; https://www.faz.net. 2023, 7.März

## 2.10 Das 21.Jahrhundert wird noch viele technologische Weiterentwicklungen bringen

Es darf mit höchster Wahrscheinlichkeit angenommen werden, dass das 21.Jahrhundert zahlreiche weitere technologische Entwicklungen zeigen wird. Auch wenn solche Prognosen nicht einfach sind, so lassen sich einige technologische Entwicklungen für die kommenden sieben Jahrzehnte mit einiger Wahrscheinlichkeit und manche sogar mit Sicherheit vorhersagen. Diesbezüglich verweist der Autor auf einige Berichte.[123] [124]

Eine Prognose dazu lässt sich mit hoher Wahrscheinlichkeit machen: der Anteil Europas an solchen neuen technologischen Entwicklungen wird aufgrund immer schwächerer Ausbildungsstandards und wegen des Exodus von Top-Wissenschaftlern in die USA oder in die VR China (siehe Kapitel 2.5) immer geringer werden. Dennoch werden auch die Europäer davon profitieren können. Dazu werden sicherlich die fortschreitenden Digitalisierungen und vielseitige Roboter in allen Lebensbereichen beitragen.

Auch die Künstliche Intelligenz wird manche Defizite aus dem Geburten- und Fachkräfte-Mangel kompensieren können. Dennoch werden die Gefahren zunehmen, die KI auch weiterhin vollkommen zu beherrschen. Ähnliches gilt für gen-technologische Weiterentwicklungen. Aufgrund des Geburtenmangels werden die Gefahren größer werden, dass in „Brutkammern" künstlich gezeugte Menschen aus Verbindungen von Ei- und Samenzellen geschaffen werden oder Menschen gentechnisch produziert werden. Solche Gefahren könnten insbesondere in autokratisch regierten Staaten entstehen, um Bevölkerungsdefizite auszugleichen.

---

[123] Vgl. Frankfurter Allgemeine: „Unser Leben im Jahr 2100"; https://www.faz.net. 2015, 12.November

[124] Vgl. Welt: Böhmer, Daniel-Dylan: „Willkommen im neuen Mittelalter – Ein Blick auf die Weltordnung im Jahr 2100"; https://www.welt.de. 2023, 10.Juli

Noch in der ersten Jahrhunderthälfte werden autonom gesteuerte Fahrzeuge zum Verkehrsbild auch in Europa gehören. Vermutlich werden sich autonom fahrende Taxis in den Städten und autonom fahrende Lkws auf Autobahnen ausweiten.

E-Autos auch in Kombination mit Brennstoffzellen werden die Norm bei privaten Fahrzeugen sein. In Lkws werden Antriebe mit grünem Wasserstoff die Mehrheit bilden. Es wird Drohnen-Fahrzeuge für den Transport von einer oder zwei Personen geben.

Menschen in hochentwickelten Ländern werden digitale Brillen tragen, welche ihnen alle erforderlichen Informationen direkt vor das Auge projizieren. Der Beruf des Dolmetschers wird aussterben, da modernste digitale Technologien und KI simultane Übersetzungen über spezielle Brillen direkt zum Ohr bringen werden.

Die Stromerzeugung wird vermutlich nahezu ausschließlich über regenerative Energiequellen geleistet werden. Fossile Brennstoffe werden vermutlich vor allem durch Wasserstoff ersetzt werden. Supraleiter werden die Energieverluste beim Transport deutlich reduzieren.

Auch in der Medizin wird es gewaltige Fortschritte geben. Dies wird sich bereits bei der Ausbildung der Ärzte zeigen. Deren Studien werden sich in den ersten Semestern jenen der Informatik-Studenten ähneln, da der Einsatz von KI gerade in der Medizin viele Vorteile bringen wird.

Menschen könnten in hochentwickelten Ländern mikroskopisch kleine Chips eingesetzt werden, um Krankheiten frühzeitig erkennen und entsprechend wirksam behandeln zu können. So wird vermutlich Krebs als eine der heutzutage noch häufigsten Todesursachen an Gewicht verlieren.

Die Lebenserwartungen für Menschen werden sich aufgrund der eben genannten medizinischen Fortschritte vermutlich ständig weiter erhöhen und könnten im Jahr 2100 bei durchschnittlich hundert Jahren liegen. Die Konsequenzen werden sein, dass die Überalterungen auch der europäischen Gesellschaften weiter zunehmen werden und dass die Renteneintrittsalter auf mindestens 75 Jahre oder noch höher angepasst werden müssten.

Mittels in Schuhen eingebauten Sensoren werden Fehlstellungen frühzeitig erkannt und korrigiert werden können, wodurch sich viele Hüft- und Knie-Operationen reduzieren lassen werden.

Es wird Kleidungsstücke geben, die sich von selbst reinigen. Formen und Farben von Kleidungsstücken werden sich dank High-Tech-Fasern den Wünschen der Konsumenten anpassen können.

Papiernoten und Münzen werden zunehmend aus dem Alltag verschwinden und durch digitale Zahlungsmittel ersetzt werden. Der Besuch in Banken wird weitgehend wegfallen, da Transaktionen durch virtuelle Kontakte und digitale Transfers abgewickelt werden.

Auch im Jahr 2100 wird es vermutlich und bedauerlicherweise noch Kriege geben. Dabei werden Drohnen-Flotten und eingesetzte Roboter-Krieger maßgebliche Rollen einnehmen. Kriege werden auch im Weltall geführt werden und Cyber-Attacken werden weiter an Bedeutung gewinnen.

In Summe kann aus den zu erwartenden technologischen Entwicklungen im weiteren Verlauf des 21.Jahrhunderts zusammengefasst werden, dass viele Entwicklungen den Menschen viele Erleichterungen im täglichen Leben bringen und ein längeres Leben ermöglichen werden, aber dass gleichzeitig die Gefahren und Risiken größer werden, dass

Menschen die Beherrschung dieser Technologien verlieren könnten.

## 2.11 Die Gefahren der Gender-Ideologien besonders für Europa

Im allgemeinen Verständnis wird unter Gendern und Gender-Mainstreaming oftmals nur die Verwendung der gendergerechten bzw. frauenfreundlichen Sprache betrachtet. Im Gender-Mainstreaming und in den Gender-Ideologien steckt allerdings viel mehr und vor allem großer gesellschaftspolitischer Zündstoff. Es geht auch nicht nur um die völlige Gleichberechtigung von Frauen, welche die feministischen Strömungen völlig berechtigt vorangetrieben haben. Dazu hat insbesondere die Philosophin und Schriftstellerin Simone de Beauvoir mit ihrem Buch „Das andere Geschlecht" maßgeblich beigetragen.[125]

Gender-Mainstreaming und Gender-Ideologien beschreiben die Unterschiede zwischen Mann und Frau abwertend als „Geschlechter-Stereotype", die abgeschafft werden müssen. Der Mensch soll völlig umgebaut und damit neu erfunden werden. Die Gender-Ideologien haben zum Ziel, die Geschlechterdifferenz zu beseitigen. Jeder soll sich sein Geschlecht selbst aussuchen können. Zu den maßgeblichsten Protagonisten der Gender-Ideologien zählen Judith Butler[126] und Shulamith Firestone.[127]

Man könnte diese Aussagen und Forderungen der Gender-Ideologien als ideologische Spinnereien abtun, aber leider bleibt es nicht bei diesen. Die Gender-Ideologien wollen in letzter Konsequenz die Ehe und die Kernfamilie abschaffen. Menschen sollen die Möglichkeit haben, Familie und Beziehungen so zu leben, wie es ihrer Lebenssituation und

[125] Vgl. Beauvoir, de Simone: Buch „Das andere Geschlecht", erstmals erschienen im Jahr 1949. Rowohlt Verlag, ISBN: 978-3423246484 bzw. FinanzBuch Verlag. ISBN: 978-3959724225. 2020, Oktober

[126] Vgl. Butler, Judith: Buch "Das Unbehagen der Geschlechter", Suhrkamp Verlag, ISBN: 978-3-518-11711-4. 1991, 29.Oktober

[127] Vgl. Firestone, Shulamith: Buch: "The Dialectic of Sex: The Case for Feminist Revolution", Farra, Strauss and Giroux. ISBN: 978-0374527877. 2003, 5.März

ihrem Willen entspricht, ohne Bevormundung und ohne Benachteiligung.

Ein Beispiel für die Durchsetzung der Gender-Ideologien ist das neue eben beschlossene Selbstbestimmungsgesetz in Deutschland, nach dem sich jeder Erwachsene sein Geschlecht beliebig aussuchen und jederzeit verändern kann.[128]

Gegenwärtig wird immer klarer und deutlicher erkennbar, was Gender-Mainstreaming eigentlich erreichen will. Es geht nicht nur um die völlige Gleichberechtigung von Frauen und Männern, um gleiche Rechte, um die völlige Gleichwertigkeit und um gleiche Würden. Damit ist die überwiegende Mehrheit in den westlichen und europäischen Ländern einverstanden.

Die selbstverständliche Gleichberechtigung und Gleichwertigkeit von Frauen und Männern sowie die Frauenförderung wird vom Gender-Mainstreaming zumeist als deren Zielsetzungen herausgestellt, da es dazu ohnedies keine andere Haltung geben sollte. Aber zumeist verschweigt das Gender-Mainstreaming die eigentlichen Zielsetzungen der Gender-Ideologien, die allerdings nicht im Verborgenen bleiben sollten.

Man muss es klar beim Namen nennen: Gender-Mainstreaming ist ein langfristig ausgerichtetes Ehe-Zerstörungsprojekt, ganz im Sinne von Marx und Engels. Ehe und Familie sollen „ent-normalisiert" werden. Die traditionelle Ehe und Familie sollen nicht mehr der Normalfall sein, sondern eine Möglichkeit unter vielen anderen. Die Gender-Mainstream-Kritikerin Dale O'Leary beschreibt in ihrem Buch „The Gender Agenda" sehr deutlich die gesellschaftsgefährdenden Forderungen der Gender Ideologien.[129]

---

[128] Vgl. Deutscher Bundestag: "Selbstbestimmungsgesetz stößt auf Zustimmung und Skepsis"; https://www.bundestag.de. 2023, November

[129] Vgl. O'Leary, Dale: Buch: "The Gender Agenda: Redefining Equality", Vital Issues, ISBN: 978-1563841224. 1997, 1.November

Um die wahren Zielsetzungen der Gender-Ideologien nicht öffentlich beim Namen zu nennen und zu konkretisieren, wurde und wird bewusst und willentlich das Gender-Mainstreaming mit dem Etikett der Gleichberechtigung und Gleichstellung von Frau und Mann und der Frauenförderung verbunden. Damit sollten sofort alle Kritiker der Gender-Ideologien als frauenfeindliche Machos und als „Ewiggestrige" gebrandmarkt werden. Gleichzeitig sollten damit alle Diskussionen zur Sinnhaftigkeit der Gender-Ideologien im Keim erstickt werden.

In Deutschland wurde im Jahr 1999 unter der Regierung von Gerhard Schröder das Gender-Mainstreaming in die Geschäftsordnung des Bundeskabinetts aufgenommen und beschlossen, alle Ministerien auf die Leitprinzipien des Gender-Mainstreamings zu verpflichten. Dies geschah zum damaligen Zeitpunkt ohne öffentliche Diskussionen und ohne Beschlüsse im deutschen Bundestag. Das deutsche Volk wurde dazu niemals befragt. Aus heutiger Sicht völlig unverständlich und einem demokratischen Staat nicht würdig, denn das Volk sollte eigentlich der Souverän sein.

Während die Mehrheit der deutschen Bevölkerung nach wie vor die Zielsetzungen und geplanten Auswirkungen des Gender-Mainstreamings nicht kennt und diesen auch nicht zustimmen würde, greift dieses mehr und mehr in den deutschen Lebensalltag ein. Eine derartige undemokratische Vorgehensweise von Regierung und Behörden wie bei Gender-Mainstreamig kennt man üblicherweise Weise nur in totalitären Staaten.

Das Gender-Mainstreaming hat in den letzten Jahren in Europa und insbesondere in Deutschland einige Schritte vollzogen, die unter dem Deckmantel der Frauenförderung anfänglich nützlich bzw. sogar erforderlich waren, aber mittlerweile eine Eigendynamik entwickelt haben, welche zu Ungerechtigkeiten und zu übermäßigem männerfeindlichem Vorgehen geführt haben bzw. führen könnten. Dazu zählen die

Gleichstellungsbeauftragten, Gender Lehrstühle und die Frauenquoten.

In jeder öffentlichen Behörde mit mehr als hundert Beschäftigten musste gemäß Gesetz eine Gleichstellungsbeauftragte eingeführt werden. Dazu kommen hauptamtliche kommunale Frauen- und Gleichstellungsbeauftrage je 100.000 Einwohnerinnen und Einwohner. Diese Person muss eine Frau sein. Bundesweit gibt es etwa 1.900 kommunale Gleichstellungsbeauftragte. Dabei werden naturgemäß die Interessen von Männern nicht vertreten, da sich Gleichstellungsarbeit nur um Frauen zu kümmern hat.

Um die Ausbreitung der Gender-Ideologien voranzutreiben, wurden über 200 Gender-Lehrstühle an deutschsprachigen Universitäten, Hochschulen und Fachhochschulen geschaffen, die sich mit Frauen-, Geschlechter- oder Gender-Studien befassen. Während das in Gender-Fragen fortschrittliche Norwegen solche Gender-Lehrstühle bereits im Jahr 2014 wieder abgeschafft hat, halten sich diese in deutschsprachigen Ländern mit immer neueren und zum Teil unsinnigen und aberwitzigen Studien und Forschungsgebieten am Leben.

Die Frauenquote bezeichnet eine geschlechterbezogene Quotenregelung bei der Besetzung von Stellen oder Gremien. Das angestrebte Ziel der Frauenquote ist die Gleichstellung von Frauen und Männern in Gesellschaft, Politik, Wirtschaft und Kultur. Da Frauen heutzutage sehr gut ausgebildet werden und da Frauen großartige Leistungen in Unternehmen, in Behörden und in der Politik erbringen, ist eine starke Präsenz von Frauen in Führungsetagen und auch in Top Management Positionen zielgerichtet und wünschenswert.

Dennoch erachten sehr viele Fachleute und insbesondere weibliche Topmanagerinnen eine erzwungene Frauenquote nicht als frauen-aufwertend, sondern als frauen-abwertend. Wenn eine Frau in einem Unternehmen eine Topposition nur deshalb erhält, weil sie eben eine Frau ist, dann kann dies doch nicht als frauen-aufwertend betrachtet werden.

Qualifizierte Top-Frauen lehnen die Frauenquote ab, da sie ihre Fähigkeiten kennen und deshalb selbstbewusst und mit Überzeugung die Karriereleiter hinaufsteigen. Bei der Besetzung einer Top-Management-Position oder anderer Führungspositionen, egal ob in Unternehmen, in der exekutiven Politik oder in Behörden, sollte immer klar nach den Leistungsprinzipien entschieden werden: der oder die Beste sollte diese Position erhalten. Alles andere wäre falsch.

In China findet man sehr viele Frauen in wirtschaftlichen Top-Positionen und anteilsmäßig deutlich mehr als in Deutschland, obwohl es keine gesetzliche Frauenquote gibt. Im internationalen Vergleich hat China mit 38 Prozent einen der weltweit höchsten Frauenanteile in Führungspositionen. Das Beispiel China zeigt deutlich, dass eine erzwungene gesetzliche Frauenquote nicht notwendig ist.

So wie das Gender-Mainstreaming wurde und wird die gendergerechte Sprache mit allen ihren negativen Konsequenzen der Bevölkerung aufgezwungen. In Untersuchungen wurde zwar die deutsche Bevölkerung nach ihrer Einstellung zur gendergerechten Sprache gefragt, aber die Ergebnisse wurden bislang nicht im Geringsten berücksichtigt.

Landläufig wird mit „Gendern" die Verwendung der gendergerechten Sprache gemeint. Dies geschieht von den Anhängern des Gender-Mainstreamings zumeist sehr bewusst. Die Verwendung der gendergerechten Sprache ist nämlich das kleinste Übel der Gender-Ideologien und des Gender-Mainstreamings. Damit lässt sich leicht von den wahren, besonders gesellschaftsgefährdenden Inhalten der Gender-Ideologien ablenken, wie diese bereits dargestellt wurden.

Ein solcher geschlechtergerechter Sprachgebrauch hat zum Ziel die Gleichbehandlung von Frauen und Männern in Bezug auf Personenbezeichnungen und die Gleichstellung der Geschlechter in gesprochener und geschriebener Sprache zum Ausdruck zu bringen. Die Sprache ist das natürlichste Kommunikationsmittel zwischen Menschen und unsere Sprache hat sich über Jahrtausende entwickelt. Warum soll unsere Sprache krampfhaft und künstlich verunstaltet werden?

Glücklicherweise wird diese extreme Form der gendergerechten Sprache nur im deutschsprachigen und im skandinavischen Raum so massiv gefordert und durchgesetzt. Deutschland sollte sich in diesem Thema Frankreich zum Vorbild nehmen. Auf starkes Anraten der Académie francaise hat die französische Regierung unter Präsident Macron entschieden, diesen extremen Weg der geschlechtergerechten Sprache nicht zu gehen, sondern nur empfohlen, Berufs- und Funktionsbezeichnungen auch in femininer Form, wenn immer möglich und machbar, einzuführen.

Alle Befragungen zeigen, dass sich je nach Studie siebzig bis achtzig Prozent der deutschen Bevölkerung gegen eine solche gendergerechte Sprache aussprechen. Warum können die deutsche Regierung, die deutsche Legislative und die deutschen Behörden diesem Wunsch der breiten Masse der deutschen Bevölkerung nicht folgen? Verfechter des Gender-Mainstreamings und der gendergerechten Sprachen sind der widersinnigen Ansicht, dass die Sprachen den Menschen verändern können und auch sollen. Dabei zeigt die Vergangenheit das Gegenteil. Die Sprache passt sich den kulturellen Gegebenheiten an.

Gleichstellungsbeauftragte, Gender-Lehrstühle, Girls Days, Frauenquoten und die gendergerechte Sprache kosten sehr viel Geld und bringen keine wesentlichen Veränderungen. Da sie sich rasch abstellen ließen, sind sie auch weniger gesellschaftskritisch. Besonders gesellschaftsgefährdend sind allerdings der Sexualkunde-Unterricht und die Sexualerziehung für Kinder und Jugendliche:

Eine der Zielsetzungen der Gender-Ideologien ist es, junge Menschen und schon Kinder möglichst frühzeitig mit den Ideen des Gender-Mainstreamings zu konfrontieren. Auch das Gender-Mainstreaming will die Jugend haben und deshalb schon möglichst früh Einfluss nehmen, am besten schon im Kindergartenalter. Da im Vorschulalter damit nur ein Teil der Kinder erreicht werden kann, haben sich die Anstrengungen des Gender-Mainstreamings besonders auf die deutschen Schulen ausgeweitet. Der Kampfbegriff dafür ist „sexuelle Vielfalt“.[130]

Gemäß Gender-Mainstreaming sollen sich Kinder frühzeitig sexuell entfalten können, alle ihre möglichen Geschlechtsbeziehungen entdecken und sogar ausprobieren. Dabei sollen weder Eltern noch die kirchlichen Institutionen mit Erziehung, Moral und Anstand dies behindern oder sogar verhindern. So haben bereits einige deutsche Bundesländer eine „Sexualpädagogik der Vielfalt“ verpflichtend eingeführt. Dabei handelt es sich nicht mehr nur um einen Aufklärungsunterricht wie in früheren Zeiten. Heutzutage soll die „Zwangsheterosexualität“ in Frage gestellt werden und alle sexuellen Orientierungen sollen den Schülern als gleichwertig dargestellt werden.

So kann es nur als äußerst bedenklich bezeichnet werden, dass Schülerinnen und Schülern geraten wird, möglichst früh sexuelle Verhaltensweisen zu testen, um ihre bevorzugte sexuelle Orientierung festzustellen. Daher muss man sich nicht wundern, dass auch in Deutschland ein zunehmender Anteil von Homo- und Bisexualität gerade bei jungen Menschen festgestellt werden muss.

Zu Recht warnen Kritiker vor dieser Art von Sexualpädagogik und vor einer Frühsexualisierung. Diese Kritiker befürchten mit einer solchen Zwangssexualisierung schlimme Folgen für die kindliche Psyche und für ihre weitere Entwicklung

[130] Vgl. Kelle, Birgit: Buch “Gendergaga: Wie eine absurde Ideologie unseren Alltag erobern will“; Adeo Verlag. ISBN: 978-3863340452. 2015, 25.Februar

hervorzurufen. Besonders Kinder welche die Pubertät noch nicht erreicht haben, seien psychisch sehr gefährdet, wenn sie Sexualstellungen mit Puppen nachspielen sollen oder ihnen das Penetrieren gezeigt werde. Kinder würden überfordert werden mit Themen, die entwicklungsmäßig zumeist noch keine Rolle in ihrem kindlichen Leben spielen.

Man muss sich deshalb auch nicht wundern, dass das Alter, bei dem Jugendliche ihren ersten Pornofilm zumeist auf dem Smartphone sehen, immer mehr sinkt. Dieser liegt gegenwärtig in Deutschland im Schnitt bei etwa elf Jahren. Jugendpsychologen berichten über mögliche schwerwiegende psychische und physische Folgen bei Mädchen und Buben, wenn sie Pornos allzu früh sehen. Leider zeigen nahezu neunzig Prozent der Pornofilme entwürdigende und erniedrigende Handlungen von Männern Frauen gegenüber. Einerseits fordert Gender-Mainstreaming korrekterweise die Gleichberechtigung und Gleichwertigkeit von Frauen und Männern, anderseits fördert sie indirekt die Pornografie mit ihrer Frauendiskriminierung.

Natürlich ist nicht alles schlecht am Gender-Mainstreaming. Gerade alle Aspekte der Frauenförderung, der Gleichberechtigung und Gleichstellung zwischen Frauen und Männern sind ebenso zu begrüßen wie die Maßnahmen gegen die Diskriminierung anderer Geschlechtsidentitäten und nicht-heterosexueller Geschlechtsorientierungen. Mit diesen bisherigen Entwicklungen sind die Ziele der Gender-Ideologien noch lange nicht erreicht, da die Bestrebungen dahingehen, die Ehe und Kernfamilie abzuschaffen, weil diese nach Auffassung des Gender-Mainstreamings die Frauen weiter unterdrücken würden. Gleichzeitig solle die sexuelle Vielfalt gestärkt und forciert werden. Jeder Mensch solle seine sexuellen Bedürfnisse ohne Einschränkungen jederzeit so ausleben dürfen, wie es seinen Wünschen entspricht. Dementsprechend sollen die Kinder vom Kindergartenalter an und insbesondere in der schulischen Sexualpädagogik zur sexuellen Vielfalt erzogen werden.

Diese äußerst gefährlichen gesellschaftlichen Bedrohungen könnten maßgeblich zum vorhersehbaren gesellschaftlichen Niedergang der westlichen Welt und zum wirtschaftlichen Abstieg Europas führen. Die Folgen wären weiter sinkende Geburtenraten, welche zu weniger Erwerbstätigen, geringerem Steueraufkommen und kollabierenden Rentenkassen in Europa führen. Der Fachkräfte-Mangel würde weiter ansteigen und die europäischen Wirtschaftsstandorte im internationalen Wettbewerb noch mehr beeinträchtigen und gefährden.

Der Islam unterbindet Ideen und Forderungen der Gender-Ideologien und des Gender-Mainstreamings. Islam und Gender-Mainstreaming schließen einander aus. Während Frauen nach westlichen Wertesystemen auch aufgrund des Einflusses der Gender-Ideologien immer geringere Geburtenraten aufweisen, bleiben die Reproduktionsraten bei muslimischen Frauen unverändert hoch. Die Folgen sind nicht nur weiter sinkende Ausbildungsstandards, welche die Wirtschaftskraft und den Wohlstand in Europa und insbesondere in Deutschland gefährden, sondern auch eine weitere Islamisierung mit den bereits erwähnten Konsequenzen.

## 2.12 Zunehmender Verfall von Werten und Sitten führt zu steigender Dekadenz

Bedauerlicherweise vollzieht sich in den letzten Jahrzehnten ein bedenklicher Werteverfall in den westlichen Gesellschaften und damit auch in den deutschsprachigen Ländern insbesondere seit Ende der 1960er Jahre. Die abnehmende Bedeutung von traditionellen Werten führt erwiesenermaßen zu steigender Dekadenz und Sittenlosigkeit.

Wenn man in der Menschheitsgeschichte zurückblickt, dann lassen sich Korrelationen zwischen Werteverfall und Niedergang und sogar Untergang von dominierenden Nationen und Gesellschaften feststellen. Man denke nur an die alten Hochkulturen der Babylonier, der alten Ägypter, der Inkas, der alten Griechen und alten Römer. Nach erfolgreichen Entwicklungen mit zumeist hohen Wertevorstellungen und oft verbunden mit Eroberungsfeldzügen und einhergehendem Wohlstand und Luxus, kam es zu einem nachgewiesenen Verfall der Sitten und zu einer sichtbaren Dekadenz, ausgelöst durch einen Verfall der Werte. In seinem Buch „The Fate of Empires" hat Sir John Glubb die Dekadenz von Weltreichen ausführlich illustriert.[131]

Während einerseits viele positive Entwicklungen in der Wirtschaft und in der Medizin ausgemacht werden können, so zeigen sich heute viele Soziologen und andere Geisteswissenschaftler sehr besorgt über die Folgen des zunehmenden Werteverfalls. Schon die bekannte deutsche Kommunikationswissenschaftlerin und Gründerin des Instituts für Demoskopie in Allensbach Elisabeth Noelle-Neumann warnte vor einigen Jahrzehnten vor den Gefahren des Werteverfalls und prophezeite, dass „das Vordringen von Selbstentfaltungswerten auf Kosten traditioneller bürgerlicher Werte und Pflichten gesellschaftliche Auflösungs-

---

[131] Vgl. Glubb, Sir John: Buch „The Fate of Empires and Search for Survival", Blackwood, ISBN: 978-0851581279. 1978, Januar

erscheinungen zur Folge haben werde".[132] Wie recht hatte sie doch.

Besonders prägnante Beispiele für den erkennbaren Werteverfall sind:

- Gestiegener Egoismus im Gegensatz zu gesundem Selbstbewusstsein. Diesen Werteverfall beschreibt Heike Leitschuh sehr deutlich in ihrem Buch „Ich zuerst! Eine Gesellschaft auf dem Ego-Trip".[133]

- Weitverbreitete Respektlosigkeiten in nahezu allen Bereichen und zwischen den Generationen, wie beispielsweise gegenüber Eltern und älteren Mitmenschen, wie gegenüber Kindern und Jugendlichen (Stichwort Mobbing), wie gegenüber Ordnungshütern und Amtsträgern, wie gegenüber Unterrichtenden und an vielen anderen Beispielen erkennbar sind.

- Weiter zunehmender Verfall von Sitten, wie bereits Noelle-Neumann festgestellt und als großes Problem prophezeit hat. Dazu kommt der Verfall klassischer Tugenden wie Höflichkeit und gutes Benehmen.

- Der Verfall unserer Ausdrucksweisen und unserer Sprache. Die Sprache, das gesprochene und geschriebene Wort, ist seit jeher das wichtigste Kulturgut. Wenn man die Ausdrucksweisen in sozialen Medien und Netzwerken betrachtet, wenn man die sprachliche Kommunikation unter Jugendlichen, aber leider nicht nur unter Jugendlichen, hört, dann kann man nur beschämt sein.

---

[132] Vgl. Noelle-Neumann, Elisabeth: Buch „Öffentliche Meinung. Die Entdeckung der Schweigespirale", Ullstein Verlag, ISBN: 978-3550069345. 1996, März

[133] Vgl. Leitschuh, Heike: Buch „Ich zuerst! Eine Gesellschaft auf dem Ego-Trip", Westend Verlag. ISBN: 978-3864892288. 2018, 2.Oktober

- Zunehmende Schamlosigkeit gegenüber Schamhaftigkeit. Man könnte einwenden, dass in früheren Jahrhunderten und bis zur Mitte des 20.Jahrhundert manchmal eine übertriebene Schamhaftigkeit in vielen Kulturkreisen und Gesellschaften vorgeherrscht hat. Leider hat dieses Pendel in unserer heutigen Zeit allzu sehr in Richtung einer übertriebenen Schamlosigkeit ausgeschlagen. Dies zeigt sich in besonderem Maße in der stark gestiegenen Pornografie-Industrie und in unseren Fernseh-Programmen und oftmals auch in Werbekampagnen, nicht nur mit einer erschreckenden Niveaulosigkeit, sondern auch Schamlosigkeit.

  „Der Verlust des Schamgefühls ist das erste Anzeichen von Schwachsinn." Diese Erkenntnis stammt von Sigmund Freud und sollte uns zu denken geben, da bereits das Schamgefühl von Schülerinnen und Schülern durch den schon erwähnten Sexualkunde-Unterricht zu sexueller Vielfalt im Sinne von Gender-Mainstreaming systematisch unterwandert wird.

Auch diese Entwicklungen unterstreichen die Feststellung, dass die Dekadenz in europäischen Gesellschaften zunimmt und weiter zunehmen und zu dem zu befürchtenden Niedergang Europas führen wird. Damit ist bedauerlicherweise absehbar, dass neben dem bereits sichtbaren Abstieg Europas in geopolitischer und wirtschaftlicher Hinsicht auch der gesellschaftliche Niedergang Europas aufgrund des Werteverfalles und der steigenden Dekadenz droht. Die Gender-Ideologien und das Gender-Mainstreaming unterstützen mit ihrer Forcierung der sexuellen Vielfalt und mit der Betonung von Sexualität den Werteverfall mit bereits erkennbaren dekadenten Zügen.

Allerdings werden nach Ansicht des Autors etwa ab den 2050er und 2060er Jahren durch immer größer werdende muslimische Bevölkerungsanteile Gegenbewegungen einsetzen. Die fortschreitende Islamisierung Europas wird dazu führen, dass die bis dahin vornehmlich westlichen Werte immer mehr an Bedeutung verlieren und immer stärker durch muslimisch geprägte Werte ersetzt werden.

Damit wird ein schleichender Austausch der auf christlichem Gedankengut basierenden Werte in Europa durch muslimische Wertvorstellungen stattfinden. Die deutlich stringenteren Werte des Islams werden dann langsam, aber sicher die Oberhand gewinnen. Die Gleichberechtigung von Frauen und Mädchen wird vermutlich durch einen verstärkten „Maskulinismus“ zurückgedrängt werden.

## 2.13 Die Staatsverschuldungen werden weiter steigen

Aufgrund der bereits geleisteten und noch zu leistenden finanziellen Hilfen wegen der hohen Energiepreise erhöhten sich die Staatsverschuldungen vieler europäischer Länder deutlich. Auch und insbesondere Deutschland versuchte mit verschiedenen finanziellen Unterstützungspaketen privaten Haushalten und Unternehmen zu helfen.

Die Invasion Russlands in die Ukraine im Februar 2022 löste wirtschaftliche Sanktionen der westlichen Industriestaaten gegenüber Russland aus, in deren Folge der russische Präsident mit einer willentlichen Verkappung von fossilen Energieträgern reagiert hat und so einen Wirtschaftskrieg gegenüber vielen europäischen Staaten betreibt. Natürlich ist es verständlich, dass Deutschland und andere europäische Länder infolge der durch diesen Wirtschaftskrieg ausgelösten Notsituation mit hohen Gas- und Strompreisen die besonders bedürftigen Haushalte und Betriebe finanziell unterstützt haben und weiter unterstützen.

Eigentlich hätte es das Ziel sein sollen, den besonders bedürftigen Haushalten, Betrieben und Unternehmen zu helfen. Stattdessen wurden auch nach Ansicht des Autors insbesondere in Deutschland zu viele staatliche Gelder im „Gießkannen-Verfahren“ verschwendet. Dies ist umso bedauerlicher, als Deutschland einen erheblichen Teil dieser finanziellen Hilfen besser und zukunftsorientierter in andere Maßnahmen hätte investieren sollen.

Im Vergleich zu vielen anderen Ländern konnte sich Deutschland diese finanziellen Hilfspakete zum Ausgleich der stark gestiegenen Energiekosten ebenso leisten wie die Unterstützungen von nahezu 500 Milliarden Euro in den vergangenen vier Jahren im Zusammenhang mit der Covid-19 Pandemie. Deutschland befindet sich im internationalen

Vergleich der Verschuldungsraten in einer noch beherrschbaren und akzeptablen Situation.

Die hohen Schuldenquoten Deutschlands mögen zwar viele verschrecken, dennoch sieht der Autor für Deutschland keinen Anlass zu übergroßer Besorgnis, wenn man die Staatsschulden Deutschlands im internationalen Umfeld vergleicht. Ende 2022 haben die Staatsschulden Deutschlands 2.367 Milliarden Euro betragen.[134] [135] In Relation zum deutschen BIP entsprach dies einer Verschuldungsquote von 66,3 Prozent.[136] Bis zum November 2023 sind die deutschen Staatsschulden auf etwa 2,5 Billionen Euro angestiegen.

Ende 2022 betrug der gesamte Schuldenstand der EU 13,3 Billionen Euro. In Relation zum BIP waren dies etwa 84 Prozent. Damals lagen Frankreich und Italien in absoluten Verschuldungswerten deutlich vor Deutschland.[137] Im Vergleich dazu zeigten die Schulden der USA beachtliche 31,4 Billionen USD bzw. etwa 29,6 Billionen Euro.

Aussagefähiger als die absoluten Schulden-Zahlen sind die Relationen der Verschuldungen verschiedener Länder zu den jeweiligen Bruttoinlandsprodukten (BIP). Im Anhang 9 können Sie einen Vergleich der Staatsverschuldungen der EU-Mitgliedsstaaten im 2.Quartal 2023 sehen.[138]

In Relation zum BIP verzeichnete Griechenland Ende Juni 2023 mit 167 Prozent nach wie vor die höchste Verschuldungsquote aller EU-Staaten, gefolgt von Italien mit 142 Prozent. Die

---

[134] Vgl. Statistisches Bundesamt: „Öffentliche Finanzen, Schulden, Finanzvermögen"; https://www.destatis.de. 2023, 29.März

[135] Vgl. Zeit Online: „Deutsche Staatsschulden auf Höchstwert gestiegen"; https://www.zeit.de. 2023, 29.März

[136] Vgl. Statista Research: „Europäische Union: Staatsverschuldung in den Mitgliedsstaaten im 4.Quartal 2022 in Relation zum Bruttoinlandsprodukt"; https://de.statista.com. 2023, April

[137] Vgl. Statista Research: „Europäische Union & Eurozone. Staatsverschuldung 1995 bis 2022"; https://de.statista.com. 2023, April

[138] Vgl. Statista Research: „Europäische Union: Staatsverschuldung in den Mitgliedsstaaten im 2.Quartal 2023 in Relation zum Bruttoinlandsprodukt"; https://de.statista.com. 2024

großen EU-Mitgliedsländer Spanien und Frankreich wiesen ebenfalls recht hohe Schuldenquoten mit 111 Prozent bzw. mit 112 Prozent aus. Die durchschnittliche Schuldenquote der Euro-Zone lag bei 90 Prozent, jene aller 27 EU-Staaten bei 83 Prozent.

Mit 65 Prozent befand sich Deutschland Ende Juni 2023 im unteren Mittelfeld. Österreich lag bei 79 Prozent. Die tiefsten Verschuldungsquoten aller EU-Staaten verzeichneten Estland mit lediglich 18 Prozent, Bulgarien mit 21 Prozent, Luxemburg mit 26 Prozent, Schweden und Dänemark mit je 30 Prozent.[139]

Mit der Verschuldungsquote von 65 Prozent zum BIP stand Deutschland im Vergleich zu den weltgrößten Wirtschaftsnationen recht passabel da. Die höchste Verschuldungsquote wies im Jahr 2022 Japan mit 261 Prozent zum BIP auf.[140] Japan hat allerdings einen wichtigen Vorteil aufzuweisen, da dessen Gläubiger vornehmlich inländische Banken und Geldgeber sind. Die Verschuldungsquote der weltweit größten Wirtschaftsnation USA betrug Ende 2022 beachtliche 122 Prozent. Damit lag die USA an zwölfthöchster Stelle der weltweiten Verschuldungsquoten.[141]

Trotz dieser hohen Schulden stufen die internationalen Ratingagenturen wie beispielsweise Standard & Poor's die Kreditwürdigkeit der USA mit AA+ und jene Japans mit A+ als sehr gut bzw. als gut ein. Deutschland besitzt im Vergleich dazu die Top-Bewertung mit AAA, zumeist als Triple A bezeichnet, so wie zehn andere Industrienationen weltweit.[142]

Die öffentlichen Schulden Deutschlands setzten sich Ende 2022 zusammen aus Verbindlichkeiten des Bundes in Höhe

---

[139] Vgl. Statista Research: „Europäische Union: Staatsverschuldung in den Mitgliedsstaaten im 2.Quartal 2023 in Relation zum Bruttoinlandsprodukt"; https://de.statista.com. 2024
[140] Vgl. Wikipedia: „Liste der Länder nach Staatsschuldenquote"; https://de.wikipedia.org. 2023
[141] Vgl. Wikipedia: „Liste der Länder nach Staatsschuldenquote"; https://de.wikipedia.org. 2023
[142] Vgl. Wikipedia: „Liste der Länder nach Kreditrating"; https://de.wikipedia.org. 2023

von 1.620 Milliarden Euro, aus Schulden der Länder in Höhe von 607 Milliarden Euro und aus Schulden der Gemeinden in Höhe von 140 Milliarden Euro.[143]

Neben den staatlichen Ausgaben beeinflussen vor allem die Steuereinnahmen und die Inflation die staatliche Verschuldung. Bei einer steigenden Inflation nehmen die Steuereinnahmen dank höherer Verbrauchssteuern und insbesondere der Mehrwertsteuer zu. Allerdings fressen die höheren Zinssätze für aufgenommene und zu bedienende Staatskredite einen erheblichen Teil der größeren Steuereinnahmen wieder auf.

Die EU und ihre Maastricht-Regeln versuchen die Verschuldung mit einem sogenannten Stabilitäts- und Wachstumspakt zu begrenzen. Die Maastricht Kriterien wurden im Jahre 1992 etabliert, um die Anforderungen für den Beitritt zur europäischen Währungsunion festzulegen.[144]

Sie umfassen drei wesentliche Kriterien: a) das jährliche Staatsdefizit darf nicht mehr als drei Prozent des BIP betragen, b) der Schuldenstand des Staates darf nicht höher als 60 Prozent des BIP liegen und c) die Inflationsrate darf maximal 1,5 Prozent über jener der drei preisstabilsten EU-Staaten des Vorjahres sein. Schon vor der Covid-19 Pandemie zeigten sich bereits viele Ausnahmen. Gegenwärtig würden deutlich mehr als die Hälfte aller EU-Staaten die Regelungen des erwähnten Stabilitätspakts nicht einhalten. Auch Deutschland nicht.

Laut der Schuldenbremse, die im Jahre 2009 im deutschen Grundgesetz verankert wurde, darf sich der Bund seit dem Jahre 2016 jährlich um maximal 0,35 Prozent des BIP neu verschulden. Für die Bundesländer wäre jede Neuverschuldung ab dem Jahre 2020 sogar ausgeschlossen. Als Ausnahmefälle werden Naturkatastrophen und außergewöhnliche

---

[143] Vgl. Statistisches Bundesamt: „Öffentliche Finanzen. Schulden, Finanzvermögen"; https://www.destatis.de. 2023, 29.März

[144] Vgl. Bundesministerium für Finanzen: „Maastrichter Vertrag"; https://www.bundesfinanzministerium.de. 2023

Notsituationen wie eine Weltwirtschaftskrise deklariert. Die Covid-19 Pandemie und ihre wirtschaftlichen Auswirkungen galten als eine solche außergewöhnliche Notsituation.

Die gegenwärtige Schuldenpolitik wird vor allem von Monetaristen und Neoliberalen kritisiert. Dem gegenüber stehen die Meinungen sehr vieler Politiker und Ökonomen, welche den aktuellen Schuldenstand Deutschlands als wenig problematisch erachtet und davor warnt sich „tot zu sparen".

Wie bei jedem Kredit üblich, muss auch der Staat Zinsen für geliehenes Geld zahlen. Die Zinsen sind umso höher, je schlechter die Bonität ist, also die Zahlungsfähigkeit eines Staates eingeschätzt wird. Um die Bonität einzuschätzen, gibt es sogenannte Ratings. Deutschland erhält, wie bereits erwähnt, seit Jahrzehnten im abgestuften Bewertungssystem von Standard & Poor's die Bestbewertung „AAA".

Weltweit lagen die registrierten Staatsschulden Ende 2021 mit knapp 72 Billionen US-Dollar auf einem neuen Rekordwert.[145] Auch wenn für Deutschland die gegenwärtigen Staatsschulden, wie erwähnt, verkraftbar erscheinen, so bergen hohe Verschuldungsraten für viele Nationen erhebliche wirtschaftliche Gefahrenpotentiale. Darum befürchten manche Ökonomen besonders für hoch verschuldete Schwellenländer massive Schwierigkeiten aufgrund der gestiegenen Leitzinsen.

Diese Wirtschaftsfachleute vergleichen die aktuelle Lage mit jener in den 1970er und 1980er Jahren. Damals wurde Lateinamerika in den 1970er Jahren mit günstigen Krediten überschwemmt. Diese zunächst sehr vorteilhaften Kredite verteuerten sich durch den Anstieg der Zinssätze massiv. Die verschuldeten Länder mussten immer weitere und höhere Dollarkredite zur Refinanzierung der alten Schulden aufnehmen.

---

[145] Vgl. Frankfurter Allgemeine: Frühauf, Markus: „Staatsschulden steigen auf Rekordwert von knapp 72 Billionen Dollar"; https://www.faz.net. 2022, 6.April

In den 1980er Jahren erlebten die meisten Länder Lateinamerikas eine Situation, in der ihre Auslandsverschuldungen höher waren als die Wirtschaftskraft ihrer Volkswirtschaften und sie dadurch über ihre finanziellen Verhältnisse wirtschafteten. Daraus resultierte sehr oft die Einstellung der Schuldendienste gegenüber ausländischen Gläubigern und damit die Erklärung der Zahlungsunfähigkeit. Die Gefahren von Bankrott-Erklärungen einiger Länder und besonders der Entwicklungs- und Schwellenländer haben in den letzten Jahren deutlich zugenommen.

Staatliche Bankrott-Erklärungen sind historisch gesehen keine Seltenheit gewesen. Man spricht von einer Staatsinsolvenz oder einem Staatsbankrott, wenn die fälligen Zahlungen aus Staatskrediten nicht geleistet werden können. Meistens folgen förmliche Erklärungen einer Regierung, fällige Forderungen nicht oder nur noch teilweise erfüllen zu können. Besonders kritisch wird es für Staaten, wenn sie nicht einmal die fälligen Kreditzinsen zahlen können.

Die Schulden eines Staates sind nicht vergleichbar mit den Schulden eines Unternehmens oder einer Privatperson.[146] So kann ein Staat aufgrund seiner Souveränität theoretisch niemals wirklich pleite gehen. Zwar kann ein Staat formal seine Zahlungsunfähigkeit erklären, aber Steuer- und Währungshoheiten geben ihm theoretisch unendliche Ressourcen. Es gibt kein internationales Insolvenzrecht, das auf Staaten anwendbar wäre.

Auch in diesem Jahrhundert gab es schon einige staatliche Zahlungsunfähigkeits-Erklärungen, wie Island im Jahre 2008, Griechenland im Jahre 2010 und Argentinien in den Jahren 2014 und neuerdings in 2022.[147] In den Jahren 1824 bis 2004 wurden weltweit insgesamt 257 Staatsinsolvenzen gezählt, einige Staaten sind sogar mehrfach bankrott gegangen. So

---

[146] Vgl. Wirtschaftsdienst: Schmidt, Johannes: „Von der Staatsverschuldung zum Staatsbankrott?"; https://www.wirtschaftsdienst.eu. 2014, Heft 9
[147] Vgl. Wikipedia: „Staatsbankrott"; https://de.wikipedia.org. 2023

musste auch Deutschland im vergangenen Jahrhundert zweimal Zahlungsunfähigkeit erklären, in den Jahren 1923 als Folge des Ersten Weltkriegs und 1948 nach dem Zweiten Weltkrieg.

Eine Staatspleite hat zumeist sehr negative Folgen auch für die Bevölkerung des betroffenen Landes, da diese oftmals mit Wirtschaftskrisen und hohen Arbeitslosigkeiten Hand in Hand gehen. Solche Abwärtsspiralen können dann oft nur noch mit Hilfen des Internationalen Währungsfonds oder mit internationalen Vereinbarungen der Geberländer gestoppt werden, wie sich wahrscheinlich die meisten noch eindrucksvoll an das Beispiel Griechenland erinnern mögen.

Dies führt dann zumeist zu erforderlichen drastischen Sparmaßnahmen der betroffenen Länder. Darum sind Inlandsschulden für einen Staat in der Regel deutlich besser als Auslandsschulden. Am besten ist dies an den hohen Schulden Japans ersichtlich, welche trotz besonders hoher Verschuldungsraten von 261 Prozent keine allzu großen Probleme darstellen, weil Japan fast ausschließlich bei heimischen Banken und Investoren verschuldet ist. Ähnliches gilt für die USA. Ein Gegenbeispiel ist Argentinien, das sich in einem Dauerschulden-Konflikt mit internationalen Hedge-Fonds befindet.

Oftmals führen solche Staatspleiten nicht nur zu erheblichen Wirtschaftskrisen, sondern auch zu Währungskrisen. Auch wenn gegenwärtig viele EU-Staaten wie erwähnt hohe Verschuldungsquoten aufweisen, so ist nach Meinung der meisten Wirtschafts-Experten keine unmittelbare Bedrohung für den Euro als international noch zweitstärkste Leitwährung gegeben.

Darum sollte uns vor einer noch etwas höheren Verschuldung Deutschlands nicht allzu bange sein, wenn es darum geht, einerseits den Investitionsstau in Deutschland, der sich in vielen Bereichen zeigt, abzubauen und andererseits die

Herausforderungen der Transformation Deutschlands zu meistern. In Deutschland ist in den letzten fünfzehn Jahren viel zu wenig in die Modernisierung, in die Digitalisierung, in die Infrastrukturen und in die Bildung investiert worden. Darum läuft Deutschland Gefahr, früher oder später den Spitzenplatz als führende Wirtschaftsmacht in Europa zu verlieren. Wirtschaftsexperten schätzen den Investitionsstau in Deutschland gegenwärtig auf rund 1,4 Billionen Euro.

Die größten Investitionsbedürfnisse Deutschlands liegen in der Transformation Deutschlands von einem auf fossile Brennstoffe orientierten Wirtschaftsstandort in Richtung erneuerbarer Energien, um damit gleichzeitig die Abhängigkeit von Erdgaslieferungen aus Russland abzubauen. Weiters bedarf Deutschland erforderlicher hoher Investitionen in Energie-Erzeugung, -Transport und -Speicherung, in die Elektro-Mobilität, in die dringend benötigten Sanierungen bei Straßen, Brücken und Bahntrassen, in das Bildungssystem, in die Digitalisierung in Schulen und Behörden, in das Gesundheitswesen und nicht zuletzt in die militärische Aufrüstung Deutschlands und in die deutlich bessere Ausstattung der deutschen Bundeswehr.

Investitionen bringen aber auch Wirtschaftswachstum. Wachstum schafft neue Arbeitsplätze und bedeutet Steuereinnahmen. Höheres Steueraufkommen ermöglicht die Rückzahlung von Schulden bzw. die Bedienung der Kreditzinsen.

Es müssten nicht alle benötigten Investitionen über staatliche Kreditaufnahmen finanziert werden. Mit steuerlichen Maßnahmen und Anreizen könnten einige der eben genannten wichtigen Projekte über privates Kapital finanziert werden, insbesondere jene für den Umwelt- und Klimaschutz und für die Digitalisierung.

Natürlich müssen die aktuell hohen Inflationsraten und die steigenden Kreditzinsen für Neuverschuldungen beachtet werden. Um die hohe Kreditwürdigkeit Deutschlands zu erhalten, ist es unerlässlich, dass die Kreditzinsen jederzeit bedient werden können. Darum müssen alle Einspar-Möglichkeiten im deutschen Bundeshaushalt, aber auch bei den Ländern und Gemeinden regelmäßig auf die Sinnhaftigkeit und Notwendigkeit der Kosten überprüft und genutzt werden. Dies sollte ebenso für alle europäischen Staaten gelten. Es sollten alle erforderlichen Maßnahmen ergriffen werden, um die Verschuldungen nicht allzu sehr noch weiter zu erhöhen. Dazu zählen: alle Einspar-Potentiale sollten kritisch durchforstet und genutzt werden; das internationale Kredit-Rating sollte möglichst hochgehalten werden, um dadurch möglichst tiefe Kreditzinsen zu bekommen; die fälligen Kreditzinsen sollten immer pünktlich bedient werden, um ein gutes Kredit-Rating nicht zu gefährden.

Die deutsche Regierung sollte gemeinsam mit der EU und anderen führenden EU-Ländern Alternativen für eine langfristige Lösung der hohen Verschuldungen der meisten EU-Länder erarbeiten.

Der Autor erwartet, dass die Verschuldungen nicht nur weltweit, sondern auch in Europa weiter ansteigen werden. Das Problem der gegenwärtig hohen und vermutlich weiter steigenden absoluten Verschuldungen der EU-Staaten und der gefährlich hohen Schuldenquoten ist natürlich ein besonders heikles Thema, das früher oder später angegangen und gelöst werden sollte. Nach Ansicht des Autors und gemäß seiner Erwartung werden sehr viele hoch verschuldete Staaten Europas niemals in der Lage sein, ihre gegenwärtigen und künftigen Schulden vollumfänglich zurückzuzahlen. Dies wird vermutlich im besonderen Maße für Länder wie Griechenland, Italien, Portugal, Spanien und Frankreich gelten.
Vielleicht könnte Deutschland mit einer besonders rigiden Sparpolitik einen großen Anteil der gegenwärtigen Schulden innerhalb der kommenden zwei bis drei Jahrzehnte zurückzahlen. Allerdings ginge dies zu Lasten der

erforderlichen Investitionen in die Transformation und Modernisierung Deutschlands.

Für Deutschland wäre es fatal, wenn es zu einer Art „Vergemeinschaftung“ der europäischen Schulden käme. Dann gäbe es noch weniger Anreize für manche europäische Staaten, ihre nationalen Haushalte zu sanieren. Darum sieht der Autor eine pragmatische mögliche Lösung darin, dass die EZB früher oder später die ausgegebenen Staatsanleihen der EU-Länder aufkauft, diese mit 100-jährigen Laufzeiten versieht und in eine Art „Bad Bank“ der EZB steckt und dadurch die einzelnen EU-Staaten in gewisser Weise entschuldet. Diesbezüglich sollten dennoch als Minimal-Forderungen gelten, dass die laufenden jährlichen Kreditzinsen zumindest bezahlt werden müssten und dass die weiteren Verschuldungen der EU-Staaten begrenzt werden müssten.

Der Autor kennt keinen Wirtschaftsexperten, der Rückzahlungen der Staatschulden der USA mit aktuell über 31 Billionen US-Dollar und einer Verschuldungsquote von 122 Prozent oder Japans mit einer aktuellen Verschuldungsquote von sogar 261 Prozent für möglich hält. Diese Vermutungen gelten auch für die aktuell hohen Verschuldungen der großen EU-Länder Frankreich, Italien und Spanien. Vermutlich wird es diesbezüglich Staatsanleihen mit extrem langen Laufzeiten geben und nur die Zinsen würden bezahlt werden.

Manchmal argumentieren Monetaristen durchaus verständlich, dass hohe Verschuldungen die Inflationsraten nach oben treiben. Volkswirtschaftlich ist dies zwar richtig, aber die Beispiele aus der Vergangenheit zeigen Gegenteiliges: trotz der sehr hohen Verschuldungen zeigte Japan in der Vergangenheit tendenziell zu tiefe Inflationswerte. Dies beweisen auch die Zahlen und Entwicklungen in den USA und in der VR China.

## 2.14 Der Trend zu politischen Randparteien wird sich in Europa fortsetzen

Die zahlreichen in diesem zweiten Teil dargestellten gegenwärtigen und künftigen Fehlentwicklungen und insbesondere die Migrationskrisen und die steigenden Kluften zwischen Arm und Reich werden zu steigenden Unzufriedenheiten mit traditionellen Regierungsparteien führen. Die Folgen werden weitere Abschmelzungen von Anteilen der früheren Volksparteien sein. Dagegen werden, wie bereits heute sehr deutlich erkennbar, links- und rechtsorientierte und oftmals populistische Randparteien immer mehr an Bedeutung gewinnen.

Diesbezüglich braucht man sich nicht weit umzusehen. Diese Entwicklungen sind gegenwärtig in Deutschland, in Frankreich, in Italien, in Österreich, in Schweden und in Ungarn sehr deutlich sichtbar. Dies betrifft einerseits rechtsorientierte als auch linksorientierte Strömungen. So ist nach Meinung des Autors Frankreich bei der letzten Präsidentschaftswahl nur knapp einem möglichen kommunistischen Präsidenten entkommen. Wäre Jean-Luc Mélenchon, der Marine Le Pen im ersten Wahlgang nur um etwa ein Prozent unterlegen war[148], in den zweiten Wahlgang gekommen, dann hätte dieser sehr gute Chancen gehabt gegen Emmanuel Macron zu obsiegen.

In der Gemeinderatswahl in Graz, Österreichs zweitgrößter Stadt, im Jahr 2021 wurde die Kommunistische Partei Österreichs stimmenstärkste Partei und stellt seither mit Elke Kahr die Bürgermeisterin.[149] Auch in der Stadt Salzburg wäre die KPÖ-Plus bei der letzten Landtagswahl 2023 beinahe stimmenstärkste Partei geworden.[150]

---

[148] Vgl. Wikipedia: „Präsidentschaftswahl in Frankreich 2022"; https://de.wikipedia.org. 2023

[149] Vgl. Wikipedia: „Gemeinderatswahl in Graz 2021"; https://de.wikipedia.org. 2023

[150] Vgl. Stadt-Salzburg.at: „Landtagswahl 2023"; https://www.stadt-salzburg.at. 2023

Wie in nahezu allen europäischen Ländern erkennbar, zeigen sich immer mehr Aufsplittungen auf immer mehr Parteien und erschweren damit die Regierungsbildungen. Dies wird sich nach Ansicht des Autors gegen Mitte dieses Jahrhunderts verschärfen, wenn muslimisch orientierte Parteien immer stärker um Wählerstimmen ringen werden.

Wie bereits angedeutet, könnte die immer stärkere Islamisierung dazu führen, dass es bereits in wenigen Jahrzehnten Regierungsbildungen unter Beteiligungen von muslimisch orientierten Parteien geben könnte. Vermutlich wird das 21.Jahrhundert noch erleben, dass einige europäische Länder von muslimisch geprägten Regierungen geführt werden.

Dies könnte ebenfalls bedeuten, dass autokratisch orientierte politische Führer möglicherweise europäische Länder regieren könnten. Wie allseits bekannt, werden gegenwärtig praktisch alle Länder mit muslimischen Bevölkerungsmehrheiten von autokratisch geprägten Machthabern regiert. Dies wird auch im Jahr 2100 der Fall sein.

## 2.15 Geopolitische Entwicklungen im weiteren Verlauf des 21.Jahrhunderts

Im Gegensatz zu wirtschaftlichen und gesellschaftlichen Entwicklungen, welche einigermaßen fundierte Prognosen für das weitere 21.Jahrhundert zulassen, lassen sich geopolitische Entwicklungen für Europa nur schwer vorhersagen. Dies liegt vor allem auch daran, dass die geopolitischen Einfluss-Möglichkeiten Europas immer geringer werden, da sich das geopolitische Machtzentrum immer mehr in den Pazifik-Raum verschieben wird. Die geopolitischen Key-Player-Rollen werden vor allem die VR China, Indien und die USA innehaben.

Europa wird in punkto geopolitischen Einflusses immer mehr an den Rand gedrängt werden. Allerdings könnte dies positiv betrachtet dazu führen, dass Europa und vor allem führende europäische Staaten verstärkt als Vermittler in internationalen Konflikten herangezogen werden könnten.

Vermutlich wird Europa selbst im weiteren Verlauf des 21.Jahrhunderts von vier geopolitisch relevanten Ereignissen direkt betroffen sein: vom Krieg zwischen Russland und der Ukraine, von weiteren imperialistischen Expansions-Bestrebungen Russlands, von den Entwicklungen im Nahen Osten betreffend Israel und seinen Nachbarstaaten und von noch ungelösten politischen Themen auf dem Balkan. Gleichzeitig werden auch europäische Staaten nicht von heftigen Terrorismus-Attacken verschont bleiben.

Es ist stark zu befürchten, dass sich die kriegerischen Auseinandersetzungen in der Ukraine noch einige Jahre fortsetzen werden. Der russische Präsident scheint auf eine gewisse Kriegsmüdigkeit der Bevölkerungen in den USA und in Europa und damit folglich auf geringere Unterstützungen nach einiger Zeit zu setzen. Vermutlich wird eine solche Kriegsmüdigkeit auch die beiden Haupt-Kriegsparteien befallen, sodass es zwar zu keinem offiziellen Waffenstillstand, aber möglicherweise in einigen Jahren zu reduzierten und sogar ausgesetzten Kriegshandlungen kommen könnte. Dabei könnten die Krim und andere ukrainische Gebiete weiterhin von russischen Soldaten besetzt gehalten werden.

Offen und unklar ist, wie sich die innerrussischen Machtverhältnisse in der Nach-Putin-Ära entwickeln werden. Für den Autor wären russische Militär-Diktaturen bzw. militärdominierte Regierungen wahrscheinliche Szenarien. Es ist absehbar, dass Belarus früher oder später in die Russische Föderation eingegliedert wird.

Offen bleibt, was mit der Republik Moldau und mit Georgien geschehen wird. Einerseits wird Russland bestrebt sein, diese beiden Staaten näher an sich zu binden und sogar zu annektieren. Andererseits scheinen die Republik Moldau und Georgien besonders interessiert an einer Aufnahme in die EU und in die NATO zu sein. Damit dürften weitere kommende Kriegsherde vorprogrammiert sein.

Im Herzen Europas werden in den kommenden Jahren die geopolitischen Themen betreffend Serbien und Kosovo sowie Serbien und Bosnien-Herzegowina immer wieder aufflackern. Diesbezüglich wäre es nicht unwahrscheinlich, dass sich Landesteile Kosovos und Bosnien-Herzegowinas mit überwiegend serbischen Bevölkerungen an Serbien anschließen könnten.

Die größten Kriegsgefahren in unmittelbarer Nachbarschaft zu Europa werden im 21.Jahrhundert vermutlich im Nahen Osten stattfinden. Kriegerische Auseinandersetzungen werden sich vermutlich mit Waffenstillständen abwechseln. Möglicherweise wird es in absehbarer Zeit doch zu einer Zweistaaten-Lösung Israel und Palästina kommen. Offen werden die Rollen der Hamas und der PLO bleiben.

Dennoch wird sich Israel vermutlich immer stärker Anfeindungen von seinen Nachbarn Libanon, Jordanien und

Syrien gegenübersehen. Diese Staaten werden bereits heute massiv vom Iran unterstützt. Darum wird es maßgeblich davon abhängen, wie sich künftig der Iran, aber auch Saudi-Arabien und Ägypten gegenüber Israel verhalten werden. In diesem Zusammenhang wird Israel in einigen Jahren mit einer atomaren Bedrohung von Seiten Irans konfrontiert werden.

Die wesentlichen weltweiten geopolitischen Krisengebiete werden in wenigen Jahrzehnten im Pazifikraum liegen. Dort werden mit der VR China und mit den USA die beiden wirtschaftsstärksten und vermutlich auch militärisch stärksten Staaten einander gegenüberstehen. Es ist zu erwarten, dass sich Russland nicht nur wirtschaftlich, sondern auch militärisch immer stärker an die VR China anlehnen wird. Diesbezüglich wird der neue „Kalte Krieg“ zwischen westlichen und eher östlichen Gesellschaftssystemen und Werten eine maßgebliche Rolle spielen.

Bis zur Mitte dieses Jahrhunderts wird die VR China sein Atomwaffen-Arsenal derart aufgerüstet haben, dass sie als Atommacht durchaus mit den USA konkurrieren könnte. Sollte es bis dahin keine politische Lösung in der Taiwan-Frage geben, könnte es zu gravierenden militärischen Auseinandersetzungen zwischen China und den USA kommen.

Ein weiteres Konfliktpotential könnte in der zweiten Jahrhunderthälfte zwischen der VR China und Indien als weltweit bevölkerungsreichste Länder entstehen. Auslöser könnten unter anderem Wasserknappheiten sein. Die USA und Russland werden sich dann entscheiden müssen, welche Seite sie in einem möglichen China-Indien-Konflikt einnehmen würden.

Zusammenfassend zu den geopolitischen Auseinandersetzungen im weiteren Verlauf des 21.Jahrhunderts lässt sich prognostizieren, dass die Welt wahrscheinlich weitere Kriegsherde sehen wird. Die weltweiten Flüchtlingsbewegungen werden deshalb weiter zunehmen, einerseits von Afrika in Richtung Europa und andererseits innerhalb Asiens und Afrikas.

Neben militärischen Waffensystemen, Drohnen und Roboter-Soldaten werden immer stärker Cyberattacken und Rohstoffe und deren Verknappungen als kriegerische Handlungen eingesetzt werden.

Es ist zu befürchten, dass die militärischen Großmächte ihre Atomwaffen-Arsenale nicht nur aufrüsten, sondern auch modernisieren werden. Dabei wird auch die Künstliche Intelligenz eine maßgebliche Rolle spielen. Es ist zu hoffen, dass mögliche Kriegsgeschehen nicht zu sehr von Menschen unkontrolliert an KI-Steuerungen übergehen werden.

Der Autor bleibt optimistisch, dass menschliche Vernunft weitreichende Atomkriege im 21.Jahrhundert noch verhindern wird. Der Einsatz von taktischen Atomwaffen mit regionalen Auswirkungen muss allerdings befürchtet werden. Diesbezüglich sieht der Autor die größte Gefahr, wenn der Iran in einigen Jahren über Atomwaffen verfügen wird und dann auf Augenhöhe in punkto Atomwaffen Israel gegenüberstehen wird.

## 3.Teil: Lösungsansätze zur Überwindung von Fehlentwicklungen im 21.Jahrhundert

### 3.1 Bestrebungen nach einem Vereinten Europa und einer vergrößerten Europäischen Union

Da immer mehr erkannt werden wird, dass Europa in geopolitischer, wirtschaftlicher und gesellschaftlicher Hinsicht immer stärker ins Hintertreffen geraten und an Bedeutung verlieren wird, werden wir in den kommenden Jahrzehnten mit hoher Wahrscheinlichkeit einige Ansätze und Bestrebungen sehen, Europa und den europäischen Staaten mehr Gewicht zu geben. Auf einige dieser möglichen und wahrscheinlichen Ansätze soll im dritten Teil dieses Buches eingegangen werden.

Sollten sich bei den nächsten US-Präsidentschaftswahlen republikanische Kandidaten durchsetzen, sollten sich danach möglicherweise die USA stärker von Europa abwenden und mehr dem Pazifikraum zuwenden, dann wäre es nicht unwahrscheinlich, dass Strömungen nach einem politisch, militärisch und wirtschaftlich verstärkten Europa aufkommen würden, um Europa weltweit wieder mehr Gewicht zu verleihen.

Was mögliche Ideen nach einem politisch „Vereinten Europa" betrifft, so ist der Autor überzeugt, dass derartige Ansätze zwar diskutiert werden mögen, aber zu keinem Erfolg führen würden. Zu groß sind und wären die nationalen Interessen und die Unterschiedlichkeiten. Alle Beispiele von Vielvölker-Staaten aus der Vergangenheit zeigen, dass diese nicht lange Bestand hatten. Man denke dabei an den Vielvölker-Staat Österreich-Ungarn, an die Sowjetunion und an Jugoslawien.

Ratsam wäre hingegen, wenn sich Europa in politischer Hinsicht zu einer abgestimmten gemeinsamen Außenpolitik entschließen könnte. Dies würde sicherlich nicht mit 27 Außenministern der EU-Staaten gelingen. Vielleicht könnten sich alle europäischen Staaten durchringen, die europäische Außenpolitik in die gemeinsamen Hände von UK, Frankreich und Deutschland und einem weiteren alternierenden Staat zu legen. Damit könnte erreicht werden, dass Europa im weltweiten politischen Konzert mit einer Stimme sprechen könnte.

Dabei könnte Frankreich die südeuropäischen Interessen, UK die west- und nordeuropäischen und Deutschland die osteuropäischen Interessen mitvertreten. Der vierte im Bunde könnte alternierend ein weiteres europäisches Land sein, das vor allem die Interessen der kleineren Staaten vertreten sollte.

Dringend ratsam für Europa wäre, sich militärisch gemeinsam stärker aufzustellen und eine europäische Verteidigungsstrategie mit harmonisierten Waffensystemen im Verbund mit der NATO aufzubauen, um sich allenfalls auch ohne die USA verteidigen zu können. Diesbezüglich sollte auch UK miteinbezogen werden.

Aufgrund einiger größerer weltweit agierender wirtschaftlicher Verbunde wird auch die EU bestrebt sein, sich zu vergrößern, um im weltwirtschaftlichen Kontext stärker auftreten zu können. Dazu gehören die gegenwärtigen Verhandlungen mit sechs Balkan-Staaten[151]: Serbien, Bosnien-Herzegowina, Kosovo, Montenegro, Albanien und Nord-Mazedonien.

Für den Autor ist es sehr wahrscheinlich, dass in den kommenden Jahrzehnten auch eine verstärkte wirtschaftliche Zusammenarbeit mit der Türkei erfolgen wird. Dies wird vermutlich nicht mit einer Vollmitgliedschaft der Türkei in der EU beginnen, sondern mit einem verstärkten Assoziierungsabkommen oder einer präferierten Partnerschaft, um schließlich zu einem späteren Zeitpunkt in eine Vollmitgliedschaft zu münden.

---

[151] Vgl. lpb Landeszentrale für politische Bildung Baden-Württemberg: „EU-Erweiterung Westbalkan"; https://www.osteuropa.lpb-bw.de. 2023

Ähnliches könnte mit der Ukraine sowie mit der von Russland bedrohten Republik Moldau und mit Georgien geschehen: zunächst Assoziierungsabkommen, präferierten Partnerschaften und zuletzt EU-Vollmitgliedschaften.

Bei allen neuen EU-Beitrittskandidaten sollte allerdings ein Fehler vermieden werden. Die Aufnahme in den Euro-Währungsverbund sollte zunächst sehr gründlich allseits geprüft und erst zu späteren Zeitpunkten ins Auge gefasst werden.

Am kurzfristig dringlichsten und ratsamsten erscheint dem Autor, neue Wirtschafts- und Handelsabkommen mit den USA und Kanada zu schließen, um die wirtschaftliche Bedeutung der EU deutlich zu verstärken.

In die gleiche Richtung zur Stärkung der EU sollten baldige Handelsabkommen mit Mercosur[152], der internationalen Wirtschaftsorganisation für Lateinamerika, und der AfCFTA[153], der Freihandelszone zwischen 54 Mitgliedsstaaten der Afrikanischen Union, geschlossen werden. Mercosur steht für „Mercado Común del Sur“ („Gemeinsamer Markt des Südens“) und AfCFTA steht für African Continental Free Trade Area.

Es ist absehbar, dass sowohl Südamerika als auch Afrika im weiteren Verlauf des 21.Jahrhunderts weiter an wirtschaftlicher Bedeutung gewinnen werden. Darum wären frühzeitige Wirtschafts- und Handelsabkommen zwischen der EU und diesen Wirtschaftsverbunden sehr ratsam, um die wirtschaftliche Bedeutung der EU zu stärken und gleichzeitig geopolitische Einfluss-Möglichkeiten zu erhöhen. Damit könnten allzu große Abhängigkeiten gegenüber Asien und allen voran gegenüber der VR China verringert werden. So sollte auch eine verstärkte wirtschaftliche Zusammenarbeit mit Indien angestrebt werden als mögliches Gegengewicht zur Dominanz der VR China.

---

[152] Vgl. Wikipedia: „Mercosur“; https://de.wikipedia.org. 2023
[153] Vgl. Wikipedia: „African Continental Free Trade Area“; https://de.wikipedia.org. 2023

Wie schon ausgeführt, wird die Islamisierung in Europa im Laufe des 21.Jahrhunderts rasch voranschreiten. Dies wird nach Ansicht des Autors dazu führen, dass spätestens gegen Ende des 21.Jahrhunderts Europa und die EU stärker mit arabischen Staaten zusammenarbeiten werden. Wenn dann einige europäische Regierungen Vertreter von muslimisch orientierten Parteien aufweisen werden, werden sich solche Bündnisse zwangsläufig ergeben, welche vermutlich zunächst auf wirtschaftliche Zusammenarbeit ausgerichtet sein werden.

### 3.2 Maßnahmen mit dem Ziel die Zuwanderungen zu begrenzen

Die kommenden Jahrzehnte werden in vielen europäischen Ländern durch zwei Entwicklungen geprägt werden. Der Mangel an Fachkräften wird steigen, sodass die Wirtschaft qualifizierte und weniger qualifizierte Zuwanderungen und deren Weiterbildung fordern wird. Gleichzeitig werden dadurch die muslimischen Anteile in der Bevölkerung ständig steigen.

Da sowohl die Integrations-Maßnahmen von Zugewanderten durch staatliche Organisationen und durch die Zivilgesellschaften als auch die Assimilierungs-Bestrebungen von muslimischen Flüchtlingen sich als unzureichend darstellen und als solche empfunden werden, werden sich verstärkt Parallelgesellschaften entwickeln und zu enormen gesellschaftlichen Herausforderungen führen.

Die Forderungen nach Begrenzungen von Zuwanderungen werden in den kommenden Jahren deutlich zulegen. Diesbezüglich werden einige europäische Staaten stringenter und konsequenter agieren als manche anderen Länder. Schon heute zeigen Polen, Ungarn, UK, Dänemark und Österreich verstärkte Maßnahmen zur Begrenzung von Zuwanderungen.

Dies wird gleichzeitig den Druck auf die Regierungen, Gesetzgebungen und Behörden jener Staaten erhöhen, die gegenwärtig weniger konsequent hinsichtlich von Zuwanderungs-Begrenzungen agieren. Diese Länder werden weiterhin ihre tendenziell laschen Haltungen mit der Notwendigkeit begründen, dass massive Zuwanderungen erforderlich seien, um die Anzahl der Bevölkerung und der Beschäftigten stabil zu halten und um damit auch die Rentensysteme langfristig finanzieren zu können. Vermutlich wird auch Deutschland noch lange zu diesen Ländern zählen.

Aufgrund der sich immer stärker bildenden Parallelgesellschaften werden vielfach und immer häufiger gesellschaftliche Konflikte zwischen Muslimen und Nicht-Muslimen entstehen. Die Folgen werden vermutlich verstärkt auftretende regionale bürgerwehr-ähnliche Organisationen und Aktivitäten sein, wodurch sich diese gesellschaftlichen Konflikte und Rivalitäten verschärfen werden.

Regierungen und Behörden werden sich verstärkt gezwungen sehen, die Abschiebungen von Menschen ohne Asyl-Berechtigungen zu erhöhen. Dadurch könnten sich die Protestaktionen seitens muslimischer Bevölkerungen bis hin zu terroristischen Anschlägen verstärken. Schon heute werden die Bevölkerungsanteile von Muslimen weltweit und insbesondere in Europa als deutlich größer eingeschätzt als diese tatsächlich sind. In diesem Zusammenhang sei auf eine internationale Studie des britischen Marktforschungsinstituts Ipso Mori aus dem Jahre 2019 verwiesen.[154]

Die Gründe dafür könnten darin liegen, dass Muslime in ihrem generellen Auftreten als dominanter und lauter wahrgenommen werden, die Kriminalitätsraten doch deutlich höher liegen als bei der nicht-muslimischen Bevölkerung und damit Muslime insgesamt als bedrohlicher und gefährlicher für die Gesellschaft eingeschätzt werden. Dies wurde durch eine internationale Pew Studie bestätigt.[155] So sahen 71 Prozent der Bevölkerung in Europa eine starke Bedrohung durch Flüchtlinge aus muslimischen Ländern. Vermutlich werden sich diese Einschätzungen aufgrund der zahlreichen Protestaktivitäten von Palästinensern in vielen europäischen Städten nach den Terroraktivitäten der Hamas im Oktober 2023 noch verstärken.

---

[154] Vgl. Ipsos Mori: „Studie zur Kluft zwischen Wahrnehmung und Wirklichkeit"; https://www.ipsos.com. 2019, 16.Januar

[155] Vgl. Pew Research Center: „Europas wachsende muslimische Bevölkerung"; https://www.pewresearch.org. 2017, 29.November

Der Autor erwartet, dass die gegenwärtigen Anstrengungen zur Begrenzung von Zuwanderungen insgesamt nur punktuell erfolgreich sein werden. Aufgrund der im Kapitel 2.6 dargestellten zu erwartenden massiv ansteigenden Flüchtlingsbewegungen insbesondere aus Afrika werden die Zahlen von Geflüchteten und darunter auch von vielen illegal Zugewanderten deutlich ansteigen und sich zu massiven Bedrohungen von staatlichen Organisationen und Zivilgesellschaften in Europa entwickeln.

## 3.3 Maßnahmen zur Reduktion der CO2-Emissionen und der Erderwärmung

Auch in den kommenden Jahren werden weltweit die gemessenen Durchschnittstemperaturen ansteigen. Darum werden auch die europäischen Staaten immer stärker von Wetterextremen, von Orkanen, von Hitzeperioden und Dürren, von Starkregen und regionalen Überschwemmungen betroffen werden. Es wird erkennbar werden, dass die vereinbarten Klima- und maximalen Erderwärmungs-Ziele des Pariser Klima-Abkommens nicht mehr erreicht werden können.

Verstärkte Protestaktionen von Klima-Aktivisten werden von immer mehr Menschen in Europa unterstützt werden, sodass viele Regierungen verschärfte Maßnahmen zum Klimaschutz beschließen werden, die darauf abzielen, die Transformation von fossilen Energieträgern auf erneuerbare zu beschleunigen. Die Anteile von grünem Wasserstoff als Energieträger insbesondere für die Industrien werden sich ständig erhöhen. Auch die europäischen Zivilgesellschaften werden durch Verkehrsbeschränkungen und durch Maßnahmen zur Reduktion der CO2-Emissionen der Heizungen betroffen werden.

Die Klimaveränderungen werden vermutlich auch dazu führen, dass die gegenwärtigen Haupt-Emittenten von CO2 wie die VR China, die USA, Indien und Brasilien verstärkte Aktivitäten lancieren werden, um die Emissionen von Treibhausgasen weiter zu reduzieren. Lediglich bei Russland bleibt der Autor diesbezüglich sehr skeptisch.

Alle diese leider zu spät einsetzenden Maßnahmen werden bedauerlicherweise nicht ausreichen, um die menschenverursachte Erderwärmung genügend zu begrenzen und unter plus zwei Grad Celsius gegenüber der vorindustriellen Zeit zu halten. Darum werden, wie im Kapitel

2.8 bereits ausgeführt, die negativen Folgen der steigenden Erderwärmung immer gravierender werden.

Dies wird auch Europa zu spüren bekommen. Die Meeresspiegel werden im Laufe des 21.Jahrunderts weiter ansteigen und einige Küstenlandschaften unter Wasser setzen und möglicherweise sogar verschwinden lassen. Hitze- und Dürre-Perioden werden zu Ernteausfällen führen. Die regionale Versteppung wird zunehmen und verbesserte Bewässerungssysteme erfordern. Knappheiten von Trink- und Brauchwasser werden auch in einigen europäischen Ländern zu größeren Herausforderungen führen.

Andererseits werden Stürme und massive Starkregen-Perioden verstärkte Maßnahmen gegen Überschwemmungen erforderlich machen. Die Artenvielfalt an Tieren und Pflanzen wird sich auch in Europa erkennbar reduzieren.

Eine der größten Herausforderungen aus den Konsequenzen des Klimawandels für europäische Staaten werden die durch Ernteausfälle verursachten Hungerkatastrophen auf dem afrikanischen Kontinent sein, welche zu den bereits dargestellten massiven Flüchtlingsbewegungen aus Afrika in Richtung Europa führen werden.

## 3.4 Verstärkter Einsatz von Künstlicher Intelligenz und Robotik

Die deutlich zu geringen Geburtenraten in Europa werden trotz hoher Flüchtlingszahlen und Zuwanderungen in den kommenden Jahrzehnten zu abnehmenden Beschäftigten und zu einem deutlichen Fachkräfte-Mangel führen.

Der Mangel an Beschäftigten wird dank des Einsatzes von Robotern in der Industrie, in der Logistik und im Einzelhandel noch einigermaßen kompensiert werden können. Dazu werden Weiterentwicklungen beim autonomen Fahren manche Beschäftigungen im Transportwesen und im Taxi-Gewerbe übernehmen.

Dagegen werden die Mängel an qualifizierten Fachkräften und insbesondere an Pflegekräften auch aufgrund der zunehmenden Überalterungen deutlich steigen. Diesbezüglich werden einige KI-Lösungen Abhilfe schaffen können. Auch bei der benötigten Pflege in Krankenhäusern und in der Altenpflege werden verstärkt Robotik und KI zum Einsatz kommen.

Deshalb werden sich dank Robotik und KI auch in Europa einige demografisch begründete Mängel reduzieren lassen. Allerdings wird Europa auch bei den Entwicklungen der Robotik und bei KI-Lösungen weltweit immer stärker ins Hintertreffen geraten. Die USA, die VR China und Indien werden diesbezüglich europäische Staaten immer deutlicher abhängen.

Die Gründe dafür werden einerseits bei den bereits erkennbaren abnehmenden Investitionen in neue Technologien und Industriestandorte in Europa liegen. Anderseits werden die bereits dargestellten sinkenden Ausbildungsstandards und die Abwanderungen von Topqualifizierten aus Europa dazu führen, dass immer weniger neue innovative Technologien und Entwicklungen aus Europa selbst kommen werden. Dies ist zwar äußerst bedauerlich, wird sich allerdings in den kommenden Jahrzehnten immer deutlicher zeigen.

## 3.5 Mögliche Gefahren aus Reproduktionen mittels neuer Technologien

Im Laufe des 21.Jahrhunderts könnten einige Gefahren auftauchen, dass aufgrund zu geringer Geburtenraten in einigen führenden Industrienationen die menschliche Reproduktion durch medizinische Weiterentwicklungen unterstützt wird. Der Autor erwartet, dass solche Überlegungen nicht in Europa und Nordamerika vorangetrieben werden, sondern in autokratisch bzw. totalitär regierten Staaten.

Solche neuen medizinischen Entwicklungen könnten Gebär- oder Brutmaschinen sein, welche mittels Verbindungen von Ei- und Samenzellen künstliche Befruchtungen ausreifen lassen. Damit könnten Frauen und Männer ihre Wünsche nach eigenem Nachwuchs erfüllen, ohne aus dem beruflichen Arbeitsprozess temporär entzogen zu werden. Ebenso könnten Staaten auf diesem Wege die benötigten Geburtenraten steuern, um genügend Beschäftigte für die angestrebte wirtschaftliche Entwicklung zu produzieren. Damit könnte ein solcher Staat auch das uneingeschränkte Recht erhalten, solchermaßen produzierte Kinder selbst nach eigenen Zielsetzungen aufzuziehen und für die eigenen Bedürfnisse zu entwickeln.

Noch gesellschaftsgefährdender wären mögliche gentechnische Reproduktionen von Menschen. Vermutlich könnten die medizinischen Weiterentwicklungen im Laufe des 21.Jahrhunderts solche Menschen entstehen lassen. Damit könnten vornehmlich totalitär regierte Staaten Menschen exakt nach deren Bedürfnissen produzieren. Aussehen, körperliche und geistige Fähigkeiten könnten dadurch gezielt gesteuert werden.

Damit könnten nicht nur Spitzensportler hochgezüchtet werden, sondern auch Soldaten speziell für mögliche Kriegseinsätze geschaffen werden. Die steigenden Gefahren von verstärkten

Kriegseinsätzen von solchen hochgezüchteten Soldaten könnten auch heute noch demokratisch regierte Staaten dazu verleiten, für die benötigte Selbstverteidigung ebenfalls solche Reproduktionsmethoden zu entwickeln und anzuwenden. Dies sind entsetzliche Vorstellungen, an die heute niemand denken mag. Allerdings darf man solche Möglichkeiten und Prognosen nicht ausschließen. Dennoch vermutet der Autor, dass solche Entwicklungen im 21.Jahrhundert noch nicht in Europa geschehen werden.

## 3.6 Bestrebungen die Kluften zwischen Arm und Reich zu reduzieren

Es ist zu erwarten und zu befürchten, dass in den kommenden Jahren die bereits stark gestiegenen Kluften zwischen Geringverdienern und Einkommensstarken und zwischen Mittellosen und sehr Vermögenden weiter zulegen werden. Diese werden von den Einkommensschwachen und Mittellosen immer mehr nicht nur als Ungleichheit verstanden, sondern auch als soziale Ungerechtigkeiten, weil sich diese vom gesellschaftlichen Leben ausgeschlossen fühlen.

Vermutlich wird dies auch in einigen europäischen Ländern zu Unruhen und schlimmstenfalls zu revolutionsartigen Demonstrationen und Massenprotesten führen. In autokratisch regierten Ländern werden solche Massenunruhen mit Hilfe von Polizei und möglicherweise auch mit Militäreinsätzen niedergeschlagen werden. In demokratisch regierten Staaten könnten solche massiven Protestaktionen sogar zu Regierungsumstürzen führen.

Um das Überspringen von derartigen gesellschaftsgefährdenden Funken zu vermeiden, werden einige europäische Staaten versuchen, mit korrigierenden Maßnahmen solche revolutionsartigen Massenproteste rechtzeitig zu vermeiden. Maßnahmen zur Reduktion der Kluften zwischen Geringverdienern und Einkommensstarken könnten folgende sein: deutliche Erhöhungen der Mindestlöhne, weitere Steuersenkungen für Geringverdiener, Konsumgutscheine für besonders Einkommensschwache und für die Ärmsten der Gesellschaft. Zur Gegenfinanzierung und zur weiteren Reduzierung dieser Kluften könnten Steuererhöhungen für besonders Einkommensstarke vorgenommen werden.

Noch gravierender als die Einkommensunterschiede sind in vielen Ländern die Kluften zwischen Mittellosen und sehr

Vermögenden. Dies gilt insbesondere für Deutschland und Österreich. Auch diesbezüglich werden einige Staaten versuchen, Maßnahmen zu Reduktionen dieser Kluften vorzunehmen. Dies könnte durch die zuvor genannten Maßnahmen zur Stärkung der Einkommen geschehen. Andererseits könnten staatliche Anspar-Gutscheine oder steuerliche Anreize die privaten Vermögensbildungen unterstützen.

Diesbezüglich könnten als Gegenfinanzierungen höhere Vermögenssteuern bzw. deren Einführung ins Auge gefasst werden. Dazu sollten auch gerechtere Vorgehensweisen bei Erbschaftssteuern angewandt werden. In diesem Zusammenhang muss insbesondere Deutschland als eklatantes Negativbeispiel genannt werden.

So ist es, wie bereits erwähnt, für ein Wohlstandsland wie Deutschland nahezu unglaublich, dass vierzig Prozent aller privaten Haushalte über null Ersparnisse verfügen. Besonders krass ist das Missverhältnis bei der Erbschaftssteuer. Während die Erbschaftssteuern für Vermögen von 250.000 bis 500.000 Euro durchschnittlich zwölf Prozent betragen, so liegen diese für vererbte Vermögen von über 50 Millionen Euro bei durchschnittlich lediglich ein Prozent.

Dennoch wagen die deutsche Regierung und Gesetzgebung so wie viele andere Staaten keine deutlichen Erhöhungen der Erbschaftssteuern und der Vermögenssteuern für große Vermögen aus Angst vor Kapitalfluchten von Superreichen.

Vermutlich werden noch größere Steuerfluchten von besonders Vermögenden und Transfers von hohen Vermögen in sogenannte Steueroasen eintreten, sollten sich Regierungen und Gesetzgebungen zu solchen zuvor genannten und durchaus berechtigten Maßnahmen entscheiden. Und vermutlich werden dann solche Schritte wieder angepasst werden, um den Exodus von besonders Einkommensstarken und insbesondere von sehr Vermögenden wieder zu reduzieren.

Daher vermutet der Autor, dass viele gutgemeinte Ansätze und Versuche von Bestrebungen, die Kluften zwischen Geringverdienern und Einkommensstarken und die Kluften von Mittellosen und Superreichen zu reduzieren, nur geringe Effekte zeigen oder sogar scheitern werden und dass sich die Kluften zwischen Arm und Reich noch vergrößern könnten.

Dabei sollten an dieser Stelle auch einige Bestrebungen von besonders Einkommensstarken und sehr Vermögenden genannt werden, welche deutliche Steuererhöhungen fordern, um die sichtbaren allzu deutlichen Kluften zu reduzieren und um möglichen Massenunruhen und revolutionsartigen Massenprotesten zuvorzukommen. Als Beispiele sollen an dieser Stelle die Millionenerbin Marlene Engelhorn[156] und eine Initiative von über hundert Millionären[157] angeführt werden.

Möglicherweise werden wir noch im 21.Jahrhundert verstärkte Ansätze von bedingungslosem Grundeinkommen (BGE) sehen. Wenn im Laufe der zweiten Jahrhunderthälfte die europäischen Geburtenraten aufgrund höherer Anteile von muslimischen Bevölkerungen wieder ansteigen werden und wenn aufgrund von weiter steigenden Zuwanderungen die Anzahl der Bevölkerung insgesamt anwachsen könnte, dann könnten die Arbeitslosigkeiten in Europa wieder zulegen. Diese Entwicklungen könnten durch zunehmende Robotik und KI noch verschärft werden.

Als mögliche Lösungen, um aufkommende Unruhen durch hohe Arbeitslosenzahlen zu verringern, könnten solche BGE-Versuche und Vorschläge dazu wieder aufgegriffen werden.

---

[156] Vgl. Spiegel: „Warum Marlene Engelhorn 90 Prozent Steuern zahlen will"; https://www.spiegel.de. 2022, 28.September

[157] Vgl. Tagesspiegel: „Besteuert uns, und zwar jetzt". Mehr als 100 Millionäre fordern Vermögenssteuer für Superreiche"; https://www.tagesspiegel.de. 2022, 19.Januar

Allerdings werden sie sehr wahrscheinlich an der mangelnden Finanzierung scheitern.

## 3.7 Höhere Investitionen in Bildung und Weiterbildung

Es ist absehbar, dass die durchschnittlichen Leistungen der Beschäftigten in den kommenden Jahren und Jahrzehnten in vielen europäischen Ländern und insbesondere in Deutschland sinken werden. Die Leistungen eines Beschäftigten lassen sich aus drei Komponenten feststellen: aus dem Leistungspotential, aus der Aus- und Weiterbildung und aus der Einsatzbereitschaft.

Am Beispiel Deutschland hat der Autor im zweiten Teil dieses Buches bereits ausgeführt, dass sich in allen drei eben genannten Komponenten Fehl- bzw. schlechtere Entwicklungen zeigen. Aufgrund immer größerer Anteile von muslimischen Bevölkerungsanteilen wird der besonders für Fachkräfte relevante IQ durchschnittlich weiter absinken. Bei den staatlichen Bildungsausgaben hinkt Deutschland deutlich hinterher (siehe Kapitel 2.5). Die sinkende Einsatzbereitschaft lässt sich allzu deutlich an den Bestrebungen zu veränderten Work-Life-Balances erkennen.

Vermutlich werden diese Entwicklungen früher oder später auch von den Regierenden Deutschlands und auch anderer Länder erkannt werden. Der wirksamste Hebel, um Trendumkehren bei den Leistungen zu erreichen, werden deutlich verstärkte Investitionen in die Bildung und Weiterbildung sein.

Solche dringend benötigten höheren Investitionen werden nicht nur für die schulischen Ausbildungen für Kinder und Jugendliche geleistet werden. Insbesondere in Deutschland gibt es gegenwärtig zu viele Arbeitslose für geringqualifizierte Aufgaben. Aufgrund der absehbaren abnehmenden Industrialisierung Deutschlands und aufgrund steigender Relevanz von Robotik werden die Bedürfnisse nach geringer qualifizierten Arbeitssuchenden tendenziell abnehmen. Darum werden die Bestrebungen erhöht werden, bislang zu wenig qualifizierte Arbeitssuchende durch geeignete Weiterbildungs-Maßnahmen für höherwertigere Aufgaben zu qualifizieren.

Gleiches gilt auch für Geflüchtete, welche aufgrund des Asylrechts oder gemäß der Genfer Flüchtlingskonvention Bleiberechte in Deutschland bzw. in Europa aufweisen. Für diese müssen nicht nur höhere Investitionen für Sprachkurse, sondern auch für entsprechende Qualifizierungen für die Bedürfnisse der Arbeitsmärkte geleistet werden.

Der Autor bleibt sehr skeptisch, ob solche benötigten Bildungsinvestitionen rasch und in erforderlicher Höhe erbracht werden. Erschwerend ist, dass es gegenwärtig vielfach und insbesondere in Deutschland gravierend an genügend Lehrkräften mangelt. Dazu kommt, dass gerade in Deutschland die sozialen Unterstützungen allzu leicht verteilt werden (Stichwort: Bürgergeld). Hierzu sollten deutlich strengere Richtlinien angewandt werden.

Daher befürchtet der Autor, dass nicht nur Deutschland, sondern viele andere europäischen Länder in punkto Ausbildungslevels von Schülern und Schülerinnen und von Studierenden den hohen Standards in China und in anderen ostasiatischen Staaten und in Nordamerika hinterherhinken werden und dass die Defizite im weltweiten Vergleich bedauerlicherweise noch größer statt kleiner werden.

Dennoch plädiert der Autor an dieser Stelle mit aller Deutlichkeit für deutlich höhere Bildungsausgaben für Kinder und Jugendliche, für die Höherqualifizierungen von zu gering Ausgebildeten und für die Zugewanderten mit Bleiberechten und Assimilierungsbemühungen.

## 3.8 Die Gefahren aus den Entwicklungen der Work-Life-Balances

Aufgrund des demografischen Wandels infolge allzu geringer Geburtenraten zeigen sich nicht nur in Deutschland immer größere Fachkräfte-Mängel. Deshalb hat sich auf dem Arbeitsmarkt in den letzten Jahren ein deutlicher Wandel vollzogen. Vielfach diktieren heute Bewerber um Fachkräfte-Positionen die Bedingungen in den Arbeitsverträgen. Dies hat zur Folge, dass gerade Berufsanfänger bzw. junge Beschäftigte deutliche Forderungen nach veränderter Work-Life-Balance stellen. Sie wollen mehr persönliche Freizeiten für ihr privates und soziales Leben.

Es ist zu erwarten, dass sich diese Trends in Deutschland und in vielen anderen europäischen Ländern im Verlaufe dieses Jahrzehnts fortsetzen werden, da die sich daraus ergebenden Gefahren für die europäischen Wirtschaftsstandorte zu wenig erkannt und berücksichtigt werden. Allerdings sehen die Headquarters von internationalen Unternehmen solche Entwicklungen und die geringere Einsatzbereitschaft von europäischen Beschäftigten und passen ihre Investitionstätigkeiten entsprechend an.

Aufgrund immer geringerer Ausbildungsstandards und geringerer Einsatzfreude und aufgrund der dadurch verursachten schwächeren Arbeitsleistungen werden folglich nicht nur die Investitionen in Deutschland und in vielen anderen europäischen Staaten sinken, sondern als Folge auch die Anzahl an Arbeitsstellen. Darum erwartet der Autor, dass in etwa zehn bis fünfzehn Jahren eine deutliche Trendumkehr einsetzen wird. Die Arbeitslosigkeit auch bei Fachkräften wird in Europa steigen, die Unternehmen werden wieder die Arbeitsbedingungen diktieren und das Thema Work-Life-Balance wird zunehmend bedeutungslos werden.

Dennoch werden auch in Zukunft sehr gut ausgebildete Europäer mit guter Einsatzbereitschaft viele exzellente Job-Aussichten in und vor allem außerhalb Europas haben.

Aufgrund der gegenwärtigen Work-Life-Balance-Bestrebungen und des hohen Fachkräfte-Mangels werden europäische Regierungen Maßnahmen verstärken, Fachkräfte im Rentenalter mittels verlängerten Arbeitsteilzeit-Regelungen oder in ehrenamtlichen Tätigkeiten mit Steuervergünstigungen länger im Berufsleben zu halten.

# 4.Teil: Europa im Jahr 2100

## 4.1 Die geopolitische Rolle Europas im Jahr 2100

Im vierten Teil dieses Buches stellt der Autor seine Extrapolationen aus den gegenwärtigen und künftigen geopolitischen, wirtschaftlichen und gesellschaftlichen Entwicklungen für Europa für das Jahr 2100 dar.

Der weltgeopolitische Schwerpunkt wird sich dann schon längst in den Pazifikraum verlagert haben. Die politische Weltordnung wird sich von einer unipolaren Sichtweise mit den USA als Welt-Dominator in eine multipolare gewandelt haben. Die weltpolitischen Key Player werden die VR China, die USA und Indien sein, gefolgt von Brasilien und Russland. Erst danach werden mit Deutschland, Frankreich und UK einige europäische Länder folgen. Als politischer Verbund wird Europa keine maßgebliche Rolle spielen.

Vermutlich wird sich Europa immer mehr aus weltpolitischen Themen heraushalten, sondern versuchen der multipolaren Weltordnung gerecht zu werden. Da die Bedrohung Europas bzw. einiger europäischer Staaten durch Russland geringer geworden ist, und da sich Europa in punkto Selbstverteidigung zu einer engeren europaweiten Zusammenarbeit in der NATO entschlossen hat, werden die USA immer weniger als Schutzmacht für Europa benötigt werden.

Um die Wirtschaftskraft Europas trotz aller nachteiligen Entwicklungen zu erhalten, wird sich die EU erweitert haben. Mit höchster Wahrscheinlichkeit werden die sechs Weltbalkan-Staaten bis zur nächsten Jahrhundertwende Teil der EU sein. Der Autor erwartet, dass auch die Türkei und die Ukraine bis zum Jahr 2100 EU-Mitgliedsländer sein könnten. Offen bleibt, inwieweit die Republik Moldau und Georgien mögliche Mitgliedsländer der EU werden oder ob sie in die Russische

Föderation eingegliedert werden wie höchstwahrscheinlich auch Belarus.

Da die Islamisierung in Europa voranschreiten wird, werden die EU und viele europäische Staaten im Jahr 2100 wirtschaftlich verstärkt mit den arabischen Staaten zusammenarbeiten. Dennoch werden im Jahr 2100 die VR China, die USA und Indien die wichtigsten Handelspartner der EU sein. Vermutlich werden im 21.Jahrhundert weitere Wirtschafts- und Handelsabkommen mit den USA, mit Kanada, mit Mercosur und mit dem afrikanischen Verbund AfCFTA geschlossen werden.

## 4.2 Die klimatische Situation in Europa im Jahr 2100

Die weltweiten Klimaziele nach dem Pariser Abkommen mit einer maximalen Erderwärmung von plus 1,5 bzw. bis max. plus zwei Grad Celsius werden weder bis zum Jahr 2050 noch bis zum Jahr 2100 erreicht werden. Selbst einige europäische Staaten werden ihre vereinbarten Klimaziele nicht gänzlich schaffen. Deutschland wird vermutlich zu den Vorbildländern zählen und die angestrebten Klimaziele einhalten können.

Da viele andere Industrienationen und insbesondere die aufstrebenden Entwicklungsländer ihre Klimaziele vermutlich recht deutlich verfehlen werden, wird die Erderwärmung nach den Prognosen des Autors im Jahr 2100 bei plus 2,5 bis drei Grad Celsius gegenüber dem vorindustriellen Zeitalter liegen. Die Folgen werden unausweichlich bleiben: längere Hitzeperioden, gravierende folgenschwere Wetterextreme mit langen Dürreperioden und folglich mit Hungersnöten, mit Starkregen-Perioden und regionalen Überschwemmungen. Die Meeresspiegel werden sehr deutlich ansteigen und einige Küstengebiete in Europa überschwemmen.

Die Konsequenzen für Europa im 21.Jahrhundert werden gewaltige Flüchtlingsströme aus Afrika sein und heftige Migrationskrisen verursachen.

Da im Laufe des 21.Jahrhunderts einige kritische Klima-Kipp-Punkte überschritten werden, werden die meisten klimatischen Veränderungen irreversibel sein und auch in weiteren Jahrhunderten keine Senkungen der Erdtemperarturen zulassen.

## 4.3 Im Jahre 2100 werden erste europäische Staaten mehrheitlich muslimisch sein

Die Anteile von Menschen mit muslimischem Glauben werden in den kommenden Jahren in Europa und in allen europäischen Ländern rapid ansteigen. Die Gründe dafür liegen in den deutlich sinkenden Geburtenraten in Europa und an den Zuwanderungen von muslimischen Geflüchteten aus dem Nahen und Mittleren Osten und aus Afrika. Muslimische Frauen werden weiterhin deutlich höhere Geburtenraten als Christinnen und Nicht-Musliminnen aufweisen. Familiennachzüge von Geflüchteten werden diesen Trend weiter verstärken.

Wie bereits im Kapitel 2.4 ausgeführt, zeigen aktuelle Bevölkerungsprognosen und vor allem sehr fundierte Modellrechnungen, dass im Jahr 2100 einige europäische Staaten bereits mehrheitlich muslimische Bevölkerungen zeigen werden. Anhand der angenommenen Parameter für solche Modellrechnungen mögen sich Experten streiten, ob diese muslimischen Mehrheitsverhältnisse bereits im Jahr 2090 oder erst 2120 gegeben sein werden. Unbestritten ist, dass dieser gegenwärtige Trend des rasch und massiv wachsenden Islams an Bedeutung gewinnen und kaum noch zu verhindern sein wird.

In manchen europäischen Ländern werden diese Entwicklungen aufgrund restriktiverer Vorgehensweisen bei Zuwanderungen von Geflüchteten langsamer voranschreiten. Dazu werden vermutlich osteuropäische Staaten und UK gehören. In einigen anderen europäischen Staaten werden sich raschere Entwicklungen der Anteile von muslimischen Bevölkerungen zeigen. Deutschland wird aufgrund seiner bislang praktizierten „Willkommenskultur“ und seiner tendenziell sehr großzügigen Unterstützungen von Geflüchteten zu den Ländern zählen, die möglicherweise noch in diesem Jahrhundert muslimische Mehrheiten aufweisen werden.

Selbst wenn europäische Regierungen ihre Integrationsbemühungen deutlich verstärken werden, so werden sich zunehmend Parallelgesellschaften mit allen negativen Konsequenzen bilden. Konflikte zwischen diesen Parallelgesellschaften werden sich als unvermeidbar zeigen.

Da immer mehr Muslime und Musliminnen wahlberechtigt werden, werden sich schon in wenigen Jahrzehnten muslimisch geprägte politische Parteien bilden und zunächst in kommunale und danach in regionale Volksvertretungen und Regierungen eintreten. Dies wird vermutlich zunächst in wenigen Jahrzehnten in größeren Städten Europas geschehen. In Staaten mit muslimischen Mehrheiten werden vermutlich noch in diesem Jahrhundert muslimisch geführte Regierungen das Sagen haben. Damit werden die Gefahren steigen, dass sich nicht nur die Wertesysteme verändern werden, sondern dass sich manche Rechtssysteme in europäischen Staaten immer mehr der Scharia anpassen werden.

Weltweit zeigen nahezu alle muslimisch regierten Staaten autokratische Züge, selbst wenn sie „offiziell“ Demokratien sind. Ein gutes Beispiel dafür ist die Türkei. Schritt für Schritt werden sich auch die Wertesysteme der europäischen Gesellschaften verändern. Die Gender-Ideologien, die noch in den kommenden Jahrzehnten in Europa an Bedeutung gewinnen werden, werden bereits in der zweiten Hälfte des 21.Jahrhunderts an Relevanz verlieren und langsam gänzlich verschwinden, da die Gender-Ideologien und der Islam sich ausschließen.

Bedauerlicherweise werden gerade Frauen und Mädchen unter diesen Entwicklungen zu leiden haben, da in muslimisch dominierten Regionen die Gleichberechtigung und vor allem die Gleichwertigkeiten von Frauen und Mädchen nicht gegeben sind. Das gleiche wird für nicht-binäre Geschlechtsidentitäten und nicht hetero-sexuelle Orientierungen gelten.

Als positive Entwicklungen in mehrheitlich muslimisch geprägten Gesellschaften werden sich nicht nur höhere Geburtenraten zeigen, sondern auch mehr Respekte für Eltern und ältere Menschen, für Unterrichtende und Ordnungshüter. Schamlosigkeiten und sexuelle Ausschweifungen werden abnehmen.

Es ist anzunehmen, dass besonders Einkommensstarke und sehr Vermögende auch aus anderen Gründen Europa verlassen werden. Damit werden die Kluften zwischen Armen und Reichen tendenziell sinken. Dennoch wird das Gesamtvermögen und damit auch der Wohlstand in Europa deutlich abnehmen.

Aufgrund der immer größeren Anteile von muslimischen Menschen und aufgrund erster Beteiligungen von muslimisch geprägten Parteien an Regierungen im Laufe der zweiten Hälfte dieses Jahrhunderts wird sich Europa immer stärker der arabischen Welt in Asien und Afrika zuwenden. Dies wird zunächst auf der Wirtschaftsebene stattfinden. Die wirtschaftliche und militärische Abhängigkeit Europas gegenüber den USA wird gleichzeitig abnehmen.

Der Autor erwartet, dass die Türkei im Jahr 2100 ein Mitglied der EU sein wird. Damit werden noch mehr Muslime und Musliminnen nach Mittel- und West-Europa kommen, da sie hier arbeiten und leben möchten. Mit der stärkeren Zusammenarbeit mit der arabischen Welt auf wirtschaftlichen und kulturellen Gebieten wird sich auch eine Annäherung auf geopolitischer Ebene zeigen.

## 4.4 Die wirtschaftliche Bedeutung Europas wird bis zum Jahr 2100 deutlich abgenommen haben

Der gegenwärtige Trend, dass die wirtschaftliche Bedeutung der EU und ihr Anteil an der Weltwirtschaft sinken, wird sich im 21.Jahrhundert trotz der Aufnahme neuer Mitglieder fortsetzen. Fachkräfte-Mangel und geringere Ausbildungsstandards gegenüber den USA, China und anderen asiatischen Staaten werden die europäischen Wirtschaftsstandorte weiter schwächen.

Hochqualifizierte werden immer mehr aus Europa in Richtung Nordamerika, Ostasien und Südost-Asien auswandern, da sie dort nicht nur immer häufiger die Universitäten besuchen werden, sondern auch sehr gut dotierte Job-Angebote für anspruchsvolle berufliche Herausforderungen annehmen werden. Damit wird Europa immer mehr ins Hintertreffen gegenüber den USA, Kanada, der VR China, Japan und anderen ostasiatischen Staaten geraten. Noch sprechen bessere klimatische Bedingungen und bessere medizinische Versorgungen für Europa und insbesondere für die deutschsprachigen Länder, aber diese Vorzüge werden tendenziell immer geringer werden.

Auch Europa wird von den technologischen Entwicklungen wie Robotik und KI profitieren, aber deren Weiterentwicklungen werden vor allem außerhalb Europas stattfinden. Europa wird nicht nur in punkto Innovationen an Bedeutung und Relevanz verlieren, sondern auch hinsichtlich der Entwicklung und Produktion von hochqualitativen Produkten. Dies wird in besonderem Maße Deutschland betreffen.

Die laufende De-Qualifizierung als führender Industriestandort wird dazu führen, dass immer mehr Industrien aus Deutschland, aber auch aus anderen europäischen Ländern abwandern werden. Zwar werden einige europäische Länder verstärkt versuchen, mit hohen staatlichen Subventionen ausländische Unternehmen und ausländisches Kapital anzulocken, aber dies wird das Gesamtbild nicht entscheidend verändern.

Die Folgen werden sinkende Durchschnittseinkommen und höhere Arbeitslosigkeiten sein. Die gegenwärtigen Trends zu Verlagerungen der Work-Life-Balances in Richtung mehr Freizeiten für privates und soziales Leben werden spätestens ab 2050 verschwunden sein, da die Unternehmen wieder die Bedingungen für Arbeitsverträge diktieren können.

Die Bevölkerungen in den europäischen Ländern werden noch einige Jahrzehnte lang von den aufgebauten und vorhandenen Substanzen leben können. Der Wohlstand in Europa wird insgesamt ständig leicht sinken, aber dennoch auch um das Jahr 2100 auf einem akzeptablen Niveau bleiben.

Aufgrund der abnehmenden wirtschaftlichen Bedeutung Europas wird auch der Euro etwas an Gewicht verlieren, wenngleich dieser vermutlich eine der weltweit wichtigsten Währungen bleiben wird.

Die Staatsverschuldungen der europäischen Staaten werden weiterhin hoch bleiben. Wegen der geringeren wirtschaftlichen Bedeutungen werden die internationalen Kreditratings für europäische Staaten etwas sinken, aber dennoch im internationalen Vergleich akzeptable Werte zeigen.

## 4.5 Statt Industrie- mehr Tourismus-Einnahmen

Nicht nur Deutschland, sondern auch viele andere europäischen Länder werden eine Deindustrialisierung in den kommenden Jahrzehnten feststellen. Die Gründe dafür sind im vorhergehenden Kapitel genannt worden. In Deutschland wird dies vor allem die Automobil-, Maschinen- und chemische Industrien und deren Zulieferbetriebe betreffen. Da sich Deutschland immer stärker als Standort für innovative und hochqualitative Produkte dequalifizieren wird, werden auch die Löhne sinken. Dies könnte vielleicht die Chancen für weniger hochwertige Produkte begünstigen. Aber gerade in diesen Sektoren wird der internationale Wettbewerb besonders stark bleiben.

Im gleichen Maße wie die internationale Wettbewerbsfähigkeit von Deutschland und insbesondere der deutschsprachigen Länder unter diesen Entwicklungen leiden wird, könnten sich andere Einkommensquellen stärker erschließen.

Die historischen Gebäude und die vielfältigen Kulturen machen gerade Europa weltweit so einzigartig. Kein anderer Kontinent kann diesbezüglich mit Europa mithalten. Diese Einkommenschancen aus dem Tourismus könnten und sollten die europäischen Länder in Zukunft noch besser nutzen. Nicht nur die US-Amerikaner schätzen diese Besonderheiten Europas. Der Autor erwartet, dass riesige Touristenmengen aus China, Japan und aus anderen ostasiatischen Regionen nach Europa strömen werden, um die kulturellen Schätze Europas zu bewundern.

Aber auch der europäische Binnentourismus könnte noch wesentlich besser entwickelt und genutzt werden. Davon könnten insbesondere die deutschsprachigen Länder stark profitieren. Auch wenn einige sehr Vermögende Europa aus steuerlichen Gründen verlassen könnten, so könnten viele von ihnen ihre Urlaubsdomizile und Altersresidenzen in Europa aufschlagen.

Um diese Tourismuschancen bestmöglich zu nutzen, bedarf es allerdings einiger essenzieller Maßnahmen: Europas historische Gebäude und Stätten müssen geschützt und bewahrt bleiben; die für den Tourismus benötigten Infrastrukturen müssen gewährleistet werden; die Sicherheitsvorkehrungen für Touristen sollten in ausreichendem Maße getroffen werden; ebenso sollte die medizinische Versorgung auf einem guten und akzeptablen Stand gehalten werden; und die erforderlichen Investitionen zum Schutz gegen Klima- und Unwetter-Katastrophen und deren Auswirkungen müssen geleistet werden.

An dieser Stelle muss allerdings eine deutliche Warnung ausgesprochen werden. Im Zuge der Islamisierung werden auch vermehrt Muslime mit islamistischen und sogar salafistischen Zielsetzungen nach Europa kommen. Gleichzeitig muss befürchtet werden, dass es auch in Europa zu terroristischen Anschlägen kommen könnte.

Aus historischen Erfahrungen in muslimischen Regionen wissen wir leider nur allzu gut, dass manche historische Gebäude bewusst und willentlich zerstört wurden, um Vergangenes auszulöschen. Diese Gefahren könnten sich auch für Europa verstärken und damit die Chancen auf hohe Tourismuszahlen zunichte machen. Deshalb dürfen diese Risiken insbesondere für das 22.Jahrhundert nicht außer Acht gelassen werden.

Dennoch sieht der Autor gute Chancen, dass anstelle von Hightech-Industrien der Tourismus mit allen seinen Betrieben für Europa und seine Bevölkerungen einen immer noch guten Wohlstand erhalten könnte. Würden diese Möglichkeiten allerdings nicht genutzt oder sogar willentlich wie beschrieben zerstört werden, dann könnte sich Europa im 22.Jahrhundert zu einem Armenhaus in der Welt entwickeln. An ein so schreckliches Szenario möchte der Autor weder denken noch daran glauben.

## 4.6 Die medizinische Versorgung in Europa wird sich verschlechtern

Heutzutage befinden sich die medizinische Versorgung und die medizinischen Leistungen in Europa weltweit betrachtet auf einem sehr guten Level. Mit gutem Recht kann man behaupten, dass insbesondere die deutschsprachigen Länder diesbezüglich weltweit zu den Spitzenreitern zählen.

Bedauerlicherweise werden viele der im zweiten Kapitel genannten gegenwärtigen und künftig erwarteten Fehlentwicklungen dazu führen, dass sich auch die medizinische Versorgung in den meisten europäischen Ländern verschlechtern wird. Die Gründe dafür sind sinkende Ausbildungsstandards an europäischen Schulen und Universitäten, Abwanderungen von gut ausgebildeten und besonders qualifizierten Medizinern in Staaten außerhalb Europas mit besseren wissenschaftlichen Möglichkeiten und besser dotierten Jobangeboten, steigende Steuerlasten, erforderliche höhere Renteneinzahlungen und zunehmend unsicheres gesellschaftliches Umfeld durch fortschreitende Islamisierungen.

Dazu kommt, dass einerseits aufgrund der gesellschaftlichen Überalterungen immer mehr Menschen pflegebedürftig werden. Andererseits werden sich immer weniger Menschen eine angemessene Pflege im Alter leisten können. Damit werden ältere Menschen oftmals auf sich allein gestellt sein oder von jüngeren Familienmitgliedern im Alter gepflegt werden müssen. In muslimischen Familien werden ohnedies betagte Eltern oder Großeltern sehr oft zuhause im Familienverbund pflegerisch versorgt.

Um zu erreichen, dass möglichst viele Vermögende ihre Urlaube und Rentenalter im Jahr 2100 in europäischen Ländern verbringen könnten, sollte eine angemessene gute medizinische Versorgung in Europa gewährleistet werden.

Aufgrund einer langsam schwächer werdenden medizinischen Versorgung erwartet der Autor, dass nach noch steigenden Lebensaltern in den nächsten fünf Lebensjahrzehnten sich die durchschnittlichen Lebensalter in Europa bei neunzig bis hundert Jahren einpendeln dürften. Damit dürften die erforderlichen Renteneintrittsalter auf 72 bis 75 Jahre ansteigen müssen.

## 4.7 Der Werteverfall könnte zu gravierenden Werteveränderungen bis zum Jahr 2100 führen

Der im Kapitel 2.12 beschriebene Werteverfall in Richtung dekadente Züge wird sich nach Ansicht des Autors in den kommenden Jahren und Jahrzehnten fortsetzen. Die Entwicklungen zu noch größerem Egoismus, zu noch mehr Respektlosigkeiten gegenüber Mitmenschen in vielerlei Hinsicht, zu einem weiteren Verfall unserer Sprachen, zu Schamlosigkeiten und sexuellen Ausschweifungen und zu noch mehr Drogengenuss werden weiter zunehmen.

Trotz mancher Warnungen von Historikern, Soziologen und Wissenschaftlern werden die Vergleiche mit Entwicklungen früherer Hochkulturen zumeist negiert werden und die zu Dekadenz neigenden gesellschaftlichen Züge werden in westlichen Regionen weiter ansteigen.

Mit der steigenden Islamisierung und sobald die muslimischen Bevölkerungsanteile in europäischen Staaten etwa dreißig Prozent erreichen werden, werden gewisse Gegenentwicklungen eintreten. Die Gender-Ideologien und das Gender-Mainstreaming werden in Vergessenheit geraten. Die respektvollen Verhaltensweisen gegenüber manchen Mitmenschen und insbesondere gegenüber Älteren, Unterrichtenden und Ordnungshütern werden wieder zunehmen. Schamlosigkeiten in öffentlichen Medien werden tendenziell ebenso abnehmen wie die Bestrebungen zu sexueller Vielfalt und zu sexuellen Ausschweifungen.

In Bezug auf die Gleichberechtigung und Gleichwertigkeit von Männern und Frauen bzw. von Jungen und Mädchen werden in muslimisch dominierten Regionen gewisse Gegenbewegungen in Richtung eines verstärkten Maskulinismus einsetzen. Nicht-heterosexuelle Orientierungen werden in diesen Regionen wieder verpönt und geächtet werden.

Man kann nur hoffen, dass dieses gesellschaftliche Pendel nicht allzu sehr in die Gegenrichtung ausschlagen wird und dass die durch den Feminismus und durch manche positiven Entwicklungen des Gender-Mainstreamings geänderten gesellschaftlichen Einstellungen, wie die Gleichberechtigung von Frauen und Mädchen oder das Verbot der Diskriminierung nicht-heterosexueller Neigungen, mit der steigenden Islamisierung nicht völlig verloren gehen.

## 5.Teil: Empfehlungen, um allzu gravierenden Fehlentwicklungen entgegenzuwirken

Im fünften und letzten Teil dieses Buches erlaubt sich der Autor manche Empfehlungen an die europäischen Regierungen und Gesetzgebungen, an die Wirtschaft und an die Zivilgesellschaften zu geben, um einigen zu krassen gegenwärtigen und künftig erwarteten erkennbaren Fehlentwicklungen entgegenzuwirken. Noch bleibt bei manchen Entwicklungen Zeit, korrigierende Schritte einzuleiten. Die Zeitfenster dazu werden allerdings immer kleiner werden.

**Förderungen der europäischen Geburtenraten:**

Mit aktuellen Geburtenraten von unter 1,4 je gebärfähiger Frau liegen die durchschnittlichen europäischen Werte deutlich unter den erforderlichen 2,1. In Deutschland liegt die für das Jahr 2023 zuletzt geschätzte Reproduktionsrate bei lediglich 1,37. Noch halten Zuwanderungen und höhere Lebensalter die Gesamtbevölkerungszahlen in den meisten europäischen Ländern stabil. Bedauerlicherweise sind Überalterungen, Fachkräfte-Mangel und immer instabilere Rentensysteme die besonders negativen Folgen der zu geringen Geburtenraten.

Die langfristig bedauerlichste Konsequenz sind ständig steigende Islamisierungen mit allen ihren Folgen. Durch Zuwanderungen von vorwiegend muslimischen Geflüchteten und Familienzusammenführungen und aufgrund deutlich höherer Geburtenraten von Musliminnen steigt der muslimische Anteil an den Bevölkerungen europäischer Länder. Wie bereits ausgeführt, zeigen aktuelle Bevölkerungsprognosen und Modellrechnungen, dass im Jahr 2100 bereits einige europäische Länder muslimische Bevölkerungsmehrheiten aufweisen könnten und wahrscheinlich auch werden. Die

Folgen daraus wurden bereits im Kapitel 2.4 sehr deutlich dargestellt.

Kurz- und mittelfristig sind qualifizierte Zuwanderungen bzw. Zuwanderungen von Flüchtlingen mit raschen Qualifizierungen und deutlich höhere Bildungsinvestitionen diesbezüglich die richtige Antwort. Langfristig betrachtet wären sicherlich höhere Geburtenraten die beste Antwort, um die benötigte Anzahl von Beschäftigten und insbesondere von Fachkräften zu erreichen und um die Wirtschaftsstandorte Europas in punkto Innovationen und hohen Qualitäten zu erhalten und abzusichern.

Aufgrund des gegenwärtigen Fachkräfte-Mangels in nahezu allen führenden Industrienationen wird der Bedarf an Fachkräften die verfügbare Menge immer mehr übersteigen und zu einem Sog von Fachkräften in Richtung Nordamerika und Ostasien führen.

Sehr viele Frauen und Männer würden sich mehr Kinder wünschen. 90 Prozent der Teenager bekennen sich zu ihren Wünschen nach eigenen Kindern. Diese Wünsche nehmen mit zunehmendem Alter ab. Die Gründe, warum mit fortgeschrittenem Alter viele Frauen kein oder nur ein Kind möchten, sind vor allem folgende: Erstens, gegenwärtig tragen Eltern nach wie vor die Hauptlast der Kosten für Kinder und für deren Erziehung und Ausbildung. Vielfach schaffen Familien finanziell nur ein Kind aufzuziehen, obwohl beide Elternteile berufstätig sind.

Zweitens, Frauen haben große Sorgen, in den Jahren des Aufziehens ihrer Kinder zu sehr vom gesellschaftlichen und beruflichen Leben ausgegrenzt zu werden und später in Altersarmut zu enden. Drittens, immer mehr Menschen und vor allem junge äußern große Zukunftsängste. Die Gründe dafür sind im zweiten Teil dieses Buches nachzulesen.

Darum empfiehlt der Autor, die finanziellen Unterstützungen der Kinderaufzucht insbesondere für die einkommensschwächeren Familien und besonders für ein zweites und drittes Kind deutlich zu erhöhen. Gleichzeitig müsste die gesellschaftliche Rolle der Mütter und der Großfamilien deutlich aufgewertet werden. Dazu wären nicht nur die europäischen Regierungen und Gesetzgebungen gefordert, sondern auch die Wirtschaft und insbesondere die Zivilgesellschaft und die Männer.

Der Autor hat in seinem im August 2023 veröffentlichen Buch „Wege aus dem Abstieg"[158] sehr ausführlich und bezogen auf Deutschland detailliert seine Vorschläge zu erforderlichen Anpassungen der deutschen Familien- und Sozialpolitik dargelegt, sodass diese an dieser Stelle nicht wiederholt werden müssen.

**Bessere Integrations- und Assimilierungsanstrengungen für und von Geflüchteten:**

Kurzfristig brauchen viele europäische Länder infolge der zu geringen Geburtenraten Zuwanderungen, um die Bedürfnisse der Arbeitsmärke und vor allem der Fachkräfte zu befriedigen. Dazu sind raschere und bessere Integrationen der Geflüchteten äußerst ratsam. Diesbezüglich sollten leistbare Obergrenzen bei den Zuwanderungen festgelegt und faire europaweite Verteilungsschlüssel verbindlich vereinbart werden. Zur Qualifizierung sollten geeignete und effektive Weiterbildungsmaßnahmen und die dafür erforderlichen Budgets beschlossen und umgesetzt werden.

Gleichzeitig sollten ebenso die Assimilierungsbemühungen seitens der Flüchtlinge und Zugewanderten verstärkt werden, um diese langfristig in die europäischen Arbeitsmärkte integrieren zu können. Solche Erwartungshaltungen sollten den Geflüchteten auch deutlich kommuniziert werden. Wer sich in

[158] Vgl. Minar Egon: Buch „Wege aus dem Abstieg – Jetzt handeln". GHV-Verlag. ISBN: 978-3-87336-802-6. 2023 August

die europäischen Länder integrieren will, sollte sich intensiv bemühen, die jeweilige Sprache des Aufenthaltslands zu lernen und dessen Wertesysteme zu kennen und zu akzeptieren.

In solchen Fällen sollten sich die europäischen Länder, deren Regierungen, Behörden und deren Zivilgesellschaften bemühen, gutausgebildete Zugewanderte langfristig im Land zu halten und diese erfolgreich in die Arbeitswelt und in das zivile Leben zu integrieren.

**Höhere Bildungsausgaben, um die Bedürfnisse der Wirtschaft und der Wissenschaften zu erfüllen:**

Einige europäische Länder verfügen bereits über Bildungsbudgets deutlich über sechs Prozent des BIP. Darum gilt diese dringende Empfehlung für Deutschland und für andere Länder mit deutlich geringeren Bildungsinvestitionen. Die Mängel an Fachkräften in unseren hochentwickelten Ländern werden immer deutlicher sichtbar.

Gegenwärtig sinken bedauerlicherweise die Ausbildungsstandards für Kinder und Jugendliche aufgrund höherer Anteile von Flüchtlingskindern und deren noch verständlicherweise schwachen Sprachkenntnissen. Um diesen Entwicklungen wirksam entgegenwirken zu können, sollten die staatlichen Bildungsausgaben deutlich erhöht werden.

Gleichzeitig sollten damit zu gering qualifizierte ansässige Personen und Zugewanderte für höherwertige Aufgaben ausgebildet werden. Damit könnten manche Mängel an Fachkräften kompensiert werden. Diese höheren Bildungsinvestitionen sind unerlässlich, um nicht nur in den deutschsprachigen Ländern eine bessere Integration und Assimilierung von Flüchtlingen und Zugewanderten zu erreichen, sondern auch deren Höherqualifizierungen zu benötigten Fachkräften.

**Rechtzeitig Maßnahmen gegen die Auswirkungen der Klimaveränderungen vornehmen:**

Es ist absehbar, dass weder Europa insgesamt, noch einzelne europäische Länder das Weltklima retten können und werden. Auch wenn einige europäische Länder ihre vereinbarten und zugesagten CO2-Emissionsziele erreichen könnten, so wird die Erderwärmung im Jahr 2100 sehr deutlich über den Zielen des Pariser Abkommens liegen; siehe dazu die Ausführungen in den Kapiteln 2.8, 3.3 und 4.2.

Dennoch sollten sich alle europäischen Regierungen, Gesetzgebungen und Behörden sowie alle europäischen Unternehmen, Betriebe und Zivilgesellschaften allergrößte Mühen geben, die Emissionsziele termingerecht zumindest zu erfüllen, da jedes Zehntel Celsius-Grad an geringerer Erderwärmung helfen könnte, die drastischen Auswirkungen daraus möglichst gering zu halten.

Gerade die hochentwickelten Länder und führende Industrienationen in Europa sollten diesbezüglich Vorreiterrollen und Vorbildfunktionen übernehmen, um durch technologische Weiterentwicklungen von erneuerbaren Energien, deren effizientere Speicherung und sparsamere Nutzung künftige Wirtschaftsmodelle zu schaffen, welche danach weltweit exportiert und eingesetzt werden könnten.

Trotz aller Bemühungen werden sich auch in Europa verstärkt Wetterextreme mit noch kräftigeren Orkanen und Stürmen, mit noch massiveren Starkregen-Perioden, mit Überschwemmungen und mit Hitzewellen und Dürren zeigen. Die Meeresspiegel werden absehbar deutlich steigen und Küstenlandschaften überschwemmen.

Darum sollten die europäischen Länder frühzeitig genug erforderliche Maßnahmen zum Schutz der Bevölkerungen, der Gebäude und Betriebe beschließen und die erforderlichen Investitionen leisten bzw. unterstützen. Diese sollten einerseits den Schutz vor Überschwemmungen erhöhen und Küstenabschnitte vor Überflutungen absichern. Andererseits sollten trockenere Gebiete durch geeignete Bewässerungssysteme vor Versteppung gerettet werden und für Land- und Viehwirtschaft erhalten bleiben.

**Verstärkte wirtschaftliche Zusammenarbeit in Europa:**

Es ist gegenwärtig allzu deutlich erkennbar, dass Europa, die EU und die meisten europäischen Länder an wirtschaftlicher Bedeutung verlieren und weiter verlieren werden. Dieser Entwicklung muss so rasch und effektiv als möglich entgegengewirkt werden.

Deshalb sollte in erster Linie die wirtschaftliche Zusammenarbeit in der EU verstärkt werden. Diesbezüglich sollten Mehrheitsbeschlüsse statt Einheitsbeschlüsse zum Zuge kommen. Die EU-Erweiterungen sollten insbesondere die wirtschaftliche Zusammenarbeit und die wirtschaftliche Stärkung zum Ziel haben, um am Weltmarkt geeinter und stärker auftreten und handeln zu können.

Der Binnenkonsum und der Binnentourismus in der EU sollten gestärkt werden. Diesbezüglich könnten Verringerungen der Kluften von Geringverdienern und Einkommensstarken und zwischen Mittellosen und Vermögenden besonders helfen, den Binnenkonsum zu unterstützen.

Um die Exportchancen und die weltwirtschaftliche Bedeutung der EU zu erhöhen, sollten ehestmöglich geeignete partnerschaftliche Wirtschafts- und Handelsabkommen mit den USA, mit Kanada, mit Mercosur und AfCFTA geschlossen werden, um gleichzeitig die wirtschaftliche Abhängigkeit gegenüber der VR China zu verringern.

**Förderung und Forcierung der europäischen Tourismus-Chancen:**

Der Autor befürchtet, dass trotz aller gegenläufigen Bemühungen die europäischen Industriestandorte im Laufe des 21.Jahrhunderts an Bedeutung verlieren werden. Fachkräfte-Mangel, geringere Ausbildungsstandards und geringere ausländische Investitionen werden dies mitverursachen.

Um den daraus resultierenden Wohlstandsverlust etwas kompensieren zu können, sollten als mögliche Gegenmaßnahme die europäischen Tourismus-Chancen bestmöglich genutzt werden. Die historischen Gebäude Europas, die vielfältigen Kulturen und Landschaften in Europa bieten sehr viele potenzielle Tourismus-Entwicklungschancen.

Darum sollte der Erhalt dieser europäischen Kulturgüter gesichert und entsprechende Maßnahmen ehestmöglich lanciert werden, um nicht nur den europäischen Binnen-Tourismus zu fördern, sondern insbesondere um noch mehr Besucher aus Nordamerika und im Speziellen aus China und Ostasien nach Europa zu locken und diese Touristen bei uns freundlich willkommen zu heißen und sich bei uns wohlfühlen zu lassen.

**Rechtzeitig Maßnahmen ergreifen, um die erwarteten Flüchtlingsströme abzumildern:**

Im Kapitel 2.6 hat der Autor die zu befürchtenden massiven Flüchtlingswellen aus Afrika nach Europa dargestellt und deren Ursachen begründet. Diese Flüchtlingsgefahren werden die Islamisierung Europas mit all den dargestellten massiven Problemen und Herausforderungen vorantreiben.

Auch wenn die Gegenmaßnahmen schwierig zu sein scheinen, sollte nichts unversucht gelassen werden, um solche gewaltige Flüchtlingswellen in den kommenden Jahrzehnten zumindest zu verringern. Zu diesen erforderlichen Maßnahmen sollten geeignete Aktivitäten und Investitionen zählen, die Geburtenraten in Afrika von gegenwärtig immer noch 4,3 je gebärfähiger Frau zu reduzieren. Die wirksamsten Maßnahmen wären Aufklärungs- und Bildungsoffensiven für Afrikanerinnen und die Bereitstellungen von Verhütungsmitteln.

Weiters sollten Bleibe-Perspektiven für Afrikaner vor allem in Nordafrika geschaffen werden. In Fabriken könnten kostengünstige Arbeitskräfte für Niedriglohn-Produktionen für Europa und für den Weltmarkt eingesetzt werden. In mehrfachen Win-Win-Situationen könnten dadurch der Konsum von Produkten aus Europa unterstützt und die hohen Rohstoffreserven Afrikas besser genutzt werden. Nordafrika wäre ein exzellenter Standort für das Nutzen von Solarenergien und für die Produktion von grünem Wasserstoff. Europäische Staaten könnten die erforderlichen Investitionen mit Steuervergünstigungen unterstützen.

Trotz erforderlicher Berücksichtigungen von Asylberechtigungen sollten wirksame Obergrenzen für Zuwanderungen nach Europa festgelegt und akzeptable Verteilungsschlüssel in Europa vereinbart werden. Die Schlepperbanden müssten noch effektiver als bisher bekämpft und härter sanktioniert werden. Illegal Zugewanderte sollten raschestmöglich aus Europa rückgeschafft werden.

Gleichzeitig sollten die finanziellen Anreize, nach Europa zu kommen, deutlich eingegrenzt werden. Einige europäische Länder haben diesbezüglich bereits erfolgreich Schritte eingeleitet. Leider zählt insbesondere Deutschland bislang noch nicht zu diesen Ländern.

Asylberechtigte bzw. Geflüchtete mit Rechten gemäß der Genfer Flüchtlingskonvention sollten, wie bereits ausgeführt, besser und rascher integriert und idealerweise langfristig für die europäischen Arbeitsmärkte gewonnen werden. Manche Geflüchtete werden sich durch geeignete

Weiterbildungsmaßnahmen und durch deren Assimilierungsbemühungen auch als Fachkräfte entwickeln und einsetzen lassen. Dies wären dann abermals Win-Win-Maßnahmen.

**Die europäischen Staatsverschuldungen nicht ins Uferlose ansteigen lassen:**

Die Staatsverschuldungen der EU insgesamt lagen Ende 2022 mit 84 Prozent in Relation zum BIP auf einem hohen, aber im weltweiten Vergleich auf einem noch beherrschbaren Wert. Insbesondere Japan und die USA weisen wesentlich höhere Werte aus. Dennoch haben Italien mit 144 Prozent, Spanien mit 113 Prozent und Frankreich mit 112 Prozent gefährlich hohe absolute und prozentuelle Verschuldungen.

Um ein gutes Kreditrating zu behalten und um noch akzeptable Zinshöhen für die ausstehenden Kredite zu erreichen, sollten diese Staatsschulden nicht noch deutlich höher anwachsen. Mit gegenwärtig 64 Prozent liegt die Staatsverschuldung Deutschlands auf einem hohen, allerdings nicht zu hohen Wert. Wesentlich ist, dass die Kreditzinsen zeitgerecht bezahlt werden und dass das exzellente Kreditrating beibehalten wird.

Ökonomisch betrachtet erscheinen dem Autor zwei Aspekte insbesondere für Deutschland sehr wichtig. Die jährlichen Inflationswerte sollten auf ein beherrschbares Level von zwei Prozent gedrückt und dort gehalten werden. Noch kämpfen Deutschland und einige andere europäischen Staaten mit zu hohen Preissteigerungsraten, welche maßgeblich durch den von Russland ausgelösten Wirtschaftskrieg mit massiven Verteuerungen von fossilen Energieträgern verursacht wurden. Als Folge sind auch die Preise für Lebensmittel sehr deutlich angestiegen. Hohe Lohnforderungen der Arbeitnehmervertretungen tragen gegenwärtig auch dazu bei, dass sich die Inflation zu langsam verringert.

Die andere wirtschaftliche Notwendigkeit ist, dass die für ein Wirtschaftswachstum erforderlichen Strukturen erhalten bleiben. Der deutsche Wirtschaftsstandort leidet unter einem allzu hohen Investitionsstau von etwa 1,4 Billionen Euro. Dieser Rückstau sollte ehestmöglich reduziert werden, um die negativen Folgen für die deutsche Wirtschaft nicht weiter anwachsen zu lassen. Dazu kommt, dass Deutschland im internationalen Vergleich zusätzlich unter allzu hohen Bürokratielasten und unsäglichen Regularien leidet, die ebenfalls zügig abgebaut werden sollten.

Bezüglich der allzu hohen Verschuldungen einiger Staaten stellen sich ohnedies die Fragen, ob diese Kredite jemals vollumfänglich zurückgezahlt werden können. Dies betrifft im besonderen Maß Japan und die USA, aber für Europa auch Griechenland, Italien, Spanien, Portugal und Frankreich. Darum sollten Deutschland und andere europäische Staaten mit geringeren Verschuldungsraten weiterhin sehr deutlich Abstand nehmen von Überlegungen bzw. Forderungen zur Vergemeinschaftung von Schulden in der EU.

**Europa und die EU könnten verstärkt Vermittlerrollen bei geopolitischen Krisen übernehmen:**

Schon heute ist deutlich erkennbar, dass Europa und die europäischen Staaten deutlich an Einfluss im geopolitischen Weltgeschehen verloren haben. Dieser Trend wird sich mit der Verlagerung der geopolitischen Hauptthemen in Richtung Pazifikraum verstärken. Die weltweiten geopolitischen Krisenherde werden sich demnach mehr nach Osten verlagern.

Neben den für Europa gegenwärtig sehr relevanten Themen im Zusammenhang mit dem Russland-Ukraine-Krieg und mit den Nahost-Konflikten zwischen Israel und einigen arabischen Staaten werden im Laufe des 21.Jahrhunderts weitere geopolitische Gefahrenherde und zu bewältigende Herausforderungen auftreten. Diesbezüglich erwähnt der Autor die Gefahren von potenziellen großen künftigen Kriegsgeschehen zwischen den USA und der VR China, zwischen den USA und Russland, zwischen der VR China und Indien sowie zwischen der westlichen bzw. christlichen Welt und der arabischen Welt.

Zur Bewältigung mancher möglicherweise auftretenden Konflikte werden geschicktes diplomatisches Vorgehen und die Übernahme von Vermittlerrollen erforderlich sein. In diese Rollen könnten Europa, die EU und einige europäische Staaten hineinwachsen. Dazu könnte und sollte auch Deutschland zählen. Um dies zu ermöglichen, sollten deutsche Politiker aufhören, in schulmeisterlicher Art und als notorische Besserwisser Regierungen anderer großer Nationen zu belehren versuchen.

**Ehrliche Botschaften an die europäischen Bevölkerungen statt Vertuschungen und populistischen Aussagen:**

Die gegenwärtigen gesellschaftlichen und wirtschaftlichen Fehlentwicklungen in vielen europäischen Staaten, wie diese im zweiten Teil dieses Buches ausführlich dargestellt werden, sind unverkennbar und sollten nicht weiter vertuscht oder schöngeredet werden. Es wäre wesentlich besser und deutlich ratsamer, die europäischen Bevölkerungen über diese Fehlentwicklungen offen und ehrlich zu informieren. Dann könnten einige der dringend erforderlichen Korrekturmaßnahmen mit Unterstützung der Mehrheiten der Bevölkerungen beschlossen und umgesetzt werden.

Gegenwärtig zeigen sich einige europäische Spitzenpolitiker als Meister in versuchten „Schönreden“. Als Beispiel soll der deutsche Bundeskanzler zitiert werden, welcher der deutschen Bevölkerung einreden will, dass Deutschland vor einem zweiten „Wirtschaftswunder“ steht. Dazu meint der Autor, dass sich der deutsche Bundeskanzler „wundern“ wird, welchen schwerwiegenden negativen Entwicklungen Deutschland entgegengeht. Personen, welche wie der Autor auf offensichtliche Fehlentwicklungen hinweisen, werden als Schwarzseher diffamiert und gebrandmarkt.

Bedauerlicherweise versuchen manche Politiker mit ihren „Schönwetter“-Prognosen von offensichtlichen eigenen Fehlleistungen oder vom Unterlassen von erforderlichen Reformen und Korrekturmaßnahmen abzulenken. Damit machen sie allerdings zumeist nur populistischen Parteien einen großen Gefallen. Diese nutzen die Fehlleistungen solcher Politiker gnadenlos aus und profitieren oftmals von Wählerzugewinnen, ohne selbst vernünftige politische Konzepte vorweisen zu können.

Um den populistischen Randparteien nicht allzu viel Raum zu gewähren, sollten regierende Politiker die europäischen Bevölkerungen offen und ehrlich über die gegenwärtigen und erwarteten künftigen Fehlentwicklungen informieren und entsprechende Korrekturmaßnahmen mit allen Auswirkungen präsentieren. Damit könnten die Bevölkerungen in Europa und insbesondere in Deutschland besser umgehen als mit unwahren Behauptungen, Schönfärbereien und falschen Hoffnungen.

## Schlussbemerkungen des Autors und Danksagungen:

Immer mehr Menschen in Europa machen sich große und berechtigte Sorgen über die gegenwärtigen Entwicklungen in der Welt und insbesondere in den europäischen Ländern. Viele dieser besorgten Menschen glauben nicht mehr den beschwichtigenden Reden und Aussagen von Politikern und insbesondere von gegenwärtigen Regierungen. Darum erfahren politische Randgruppierungen und populistische Parteien immer mehr Zuspruch in sehr vielen Ländern Europas.

Mir ergeht es seit einigen Jahren ähnlich wie vielen meiner Mitmenschen. Ich habe die gesellschaftlichen und wirtschaftlichen Fehlentwicklungen in vielerlei Hinsichten erkannt. Gleichzeitig sehe ich, dass nur wenige Politiker und Entscheidungsträger das ganze Ausmaß dieser Fehlentwicklungen nicht oder zu wenig verstehen, oder noch schlimmer, nicht verstehen wollen. Darum mache auch ich mir große Sorgen um die Zukunft Europas.

Verständnislos und blind ist, wer nicht erkennt, dass sich Europa und mit ihm die meisten europäischen Länder auf einem geopolitischen, wirtschaftlichen und gesellschaftlichen Abstieg befinden. Ich bin mir sicher, dass die meisten Leserinnen und Leser nach der Lektüre dieses Buches und insbesondere nach dem Lesen der zahlreichen im zweiten Teil dargestellten Fehlentwicklungen sich ebenfalls sehr besorgt und verängstigt betreffend das Leben in einigen Jahrzehnten auf unserem Kontinent zeigen werden.

Ich hätte es mir einfach machen können, da ich aufgrund meines Alters die schwerwiegendsten Folgen aus den gegenwärtigen Fehlentwicklungen nicht erleben werden muss. Ich hätte meine Extrapolationen aus den gegenwärtigen gefährlichen Entwicklungen für mich behalten können. Ich hätte im kleinen Kreis so wie viele andere Mitmenschen über Regierende, Gesetzgebende und sonstige maßgebliche

Entscheidungsträger, welche für die Fehlentwicklungen mitverantwortlich sind, schimpfen können und meinen Unmut mit meinen Wählerstimmen für populistische politische Parteien ausdrücken können.

Ein solches Verhalten entspricht nicht meinem Naturell. Ich fühle mich in zweifacher Hinsicht verantwortlich. Einerseits vergangenheitsorientiert gegenüber meinen Vorfahren. Unsere europäischen Vorfahren haben mit viel Arbeit, Kraft und Fleiß, aber auch mit viel Leid, Blut und Tränen unser Europa aufgebaut. Sie haben für unsere Generationen den Wohlstand erschaffen, von dem wir heute zehren und diesen genießen können. Leider ist es bereits ersichtlich, dass wir nicht nur von der vorhandenen Substanz leben, sondern davon mehr verbrauchen als wir selbst schaffen.

Es wäre unser aller Pflicht gegenüber unseren Vorgenerationen, unser Europa in einem zumindest gleich guten Zustand unseren Nachgenerationen zu hinterlassen, wie Europa uns übertragen wurde. Leider ist dem nicht so.

Mein zweites und noch stärkeres Verantwortungsgefühl zielt an unsere Nachfolge-Generationen, an unsere Kinder, Enkelkinder und weitere Nachgenerationen. Ich schäme mich dafür, dass wir unseren Nachgenerationen aufgrund aller dargestellten Fehlentwicklungen Europa in einem schlechteren Zustand im internationalen Kontext hinterlassen werden, als wir diesen übernommen haben.

Sicherlich gab es und wird es weitere Maßnahmen geben, welche die Auswirkungen der gegenwärtigen Fehlentwicklungen etwas abmildern könnten, wie ich dies im dritten Teil dieses Buches dargestellt habe. Bislang zeigen sich daraus bedauerlicherweise keine Trendumkehren. Aber noch ist es nicht zu spät. Im letzten Teil dieses Buches empfehle ich den Regierungen, Gesetzgebungen, Entscheidungsträgern in der Wirtschaft und Zivilgesellschaft anhand vieler Vorschläge, Gegenmaßnahmen zu beschließen und diese ehestmöglich umzusetzen. Diesbezüglich werden allerdings die Zeitfenster immer kleiner. Darum wäre dringliches und rasches Handeln erforderlich.

Aus diesen Gründen wäre es für die europäischen Bevölkerungen wichtig, ihre Stimmen zu erheben und diese erforderlichen Korrekturmaßnahmen von ihren Politikern zu fordern. Doch leider zeigen, wie bereits in den Vorbemerkungen ausgeführt, einige Meinungsumfragen in den letzten Jahren, dass die überwiegenden Mehrheiten der europäischen und insbesondere der deutschen Bevölkerung sich nicht mehr offen und ehrlich ihre eigene Meinung öffentlich sagen wagen. Die Gründe dafür sind Ängste und Sorgen, ausgegrenzt, diffamiert und lächerlich gemacht zu werden, wenn man sich gegen den politischen und medialen Mainstream äußert.

Die politisch gewollte und medial bevorzugte Mainstream-Aussage ist, dass einige nicht beeinflussbare Entwicklungen, wie die Covid-19-Pandemie, wie der Russland-Ukraine Krieg und wie die hohen Preissteigerungen, einige wirtschaftliche Schwierigkeiten verursacht haben, aber dass unsere Politiker dies in den Griff bekommen werden und dass alles gut werden wird. Dem ist leider nicht so, wie die meisten Lesenden dies sicherlich bereits erkannt haben.

Darum ersuche ich alle Mitmenschen und insbesondere all jene, welche dieses Buch gelesen haben, ihre Stimme zu erheben und mit ihren Verwandten, Freunden und Bekannten darüber zu sprechen. Gleichzeitig ersuche ich Sie, mit Ihren Lokalpolitikern und mit anderen potenziellen Entscheidungsträgern egal zu welchen Gelegenheiten über die gegenwärtigen und künftig zu erwartenden und befürchteten Fehlentwicklungen zu sprechen und zu Korrekturen zu veranlassen. Geben Sie sich nicht mit den üblichen Schönfärbereien und wohlklingenden Worten von Politikern und Entscheidungsträgern zufrieden. Fordern Sie klare Antworten und Reaktionen. Immerhin geht es um die Zukunft unserer

Kinder, unserer Enkelkinder und um weitere Nachfolge-Generationen in unseren europäischen Ländern.

Auch wenn ich tendenziell ein Optimist bin, so bin ich dennoch überaus skeptisch und besorgt hinsichtlich der geopolitischen, wirtschaftlichen und gesellschaftlichen Zukunft Europas. Ich befürchte, dass Regierende, Gesetzgebende und andere Entscheidungsträger weiterhin nicht bzw. zu wenig korrigierend eingreifen werden und weiterhin in ihrer Lethargie verharren werden. Leider denken die meisten Politiker nur an ihre eigene Zukunft für die Zeitperiode, für welche sie gewählt werden. An die weitere Zukunft wird kaum ein genügendes Maß an Augenmerk gelegt.

Darum werde ich meinen Enkelkindern dieses Buch geben und sie bitten, dieses Buch in dreißig Jahren und in weiteren Zehnjahresschritten zur Hand zu nehmen. Ich vermute sehr stark, dass sie dann sagen werden: »Unser Großvater hat die Fehlentwicklungen, die sich jetzt mit allen Auswirkungen in großer Deutlichkeit zeigen, schon im Jahr 2024 sehr klar gesehen und in aller Eindringlichkeit davor gewarnt. Warum hat man damals unserem Großvater nicht geglaubt, da er doch schon früher immer wieder mehrfach bewiesen hatte, dass er Fehlentwicklungen in politischer, wirtschaftlicher und gesellschaftlicher Hinsicht frühzeitig klar erkannt hatte.«

**Abschließende Dankesworte des Autors:**

Zunächst möchte ich mich bei allen Menschen bedanken, die mich nach dem Erfolg meines Buches „Wege aus dem Abstieg“ animiert, ermuntert und sogar aufgefordert haben, die gegenwärtigen wirtschaftlichen und gesellschaftlichen Entwicklungen weiterzudenken und die Auswirkungen für die kommenden Jahrzehnte zu prognostizieren. Ich bedanke mich bei allen Menschen und Diskussionspartnern, die mir offen und ehrlich ihre Haltungen und Meinungen mitgeteilt und auch ihr

Wissen zu verschiedenen wirtschaftlichen und gesellschaftsrelevanten Themen gegeben haben.

Ich möchte mich bei allen zahlreichen Quellen und damit Wissens-Gebern bedanken, die ich im Textteil und alphabetisch zusammengefasst im Quellenverzeichnis am Ende dieses Buches aufgeführt habe. Ich habe die daraus gewonnenen Erkenntnisse nach bestem Wissen und Gewissen verwendet und diese bei wörtlichen Zitierungen im Text auch erwähnt.

Natürlich ist es mir ein besonderes Bedürfnis, mich bei allen Lesern und Leserinnen zu bedanken, die sich die Zeit genommen haben, meinen Ausführungen zu folgen, die damit auch ihr Wissen hoffentlich erweitern konnten und diese Erkenntnisse an Verwandte, Bekannte und Freunde weitergeben können und hoffentlich andere Mitmenschen motivieren werden, sich bei relevanten Entscheidungsträgern für Korrekturmaßnahmen einzusetzen.

Und last but not least bedanke ich mich bei meiner sehr geschätzten Frau Nathalie, die mich nicht nur ermuntert hat, dieses Buch zu verfassen, sondern auch weil sie mir während des Verfassens in vielen Fragen hilfsbereit und unterstützend zur Seite gestanden ist.

Egon Minar, im März 2024

## Anhang 1: Zehn Gebote eines Liberalen

(Quelle: Bertrand Russell in der Zeitschrift „Aufklärung und Kritik“. 1954, Heft 2)

**Bertrand Russell (1872–1970)**

### Zehn Gebote eines Liberalen

---

1. Fühle dich keiner Sache völlig gewiss!
2. Trachte nicht danach, Fakten zu verheimlichen, denn eines Tages kommen die Fakten bestimmt ans Licht!
3. Versuche niemals jemanden am selbständigen Denken zu hindern; es könnte dir gelingen!
4. Wenn dir jemand widerspricht, und sei es dein Ehepartner oder dein Kind, bemühe dich, ihm mit Argumenten zu begegnen und nicht mit der Autorität, denn ein Sieg der Autorität ist unrealistisch und illusionär!
5. Habe keinen Respekt vor der Autorität anderer, denn es gibt in jedem Fall auch Autoritäten, die gegenteiliger Ansicht sind!
6. Unterdrücke nie mit Gewalt Überzeugungen, die du für verderblich hältst, sonst unterdrücken diese Überzeugungen dich!
7. Fürchte dich nicht davor, exzentrische Meinungen zu vertreten; jede heutige Meinung war einmal exzentrisch!
8. Freue dich mehr über intelligenten Widerspruch als über passive Zustimmung; denn wenn die Intelligenz so viel wert ist, wie sie dir wert sein sollte, dann liegt im Widerspruche eine tiefere Zustimmung!
9. Halte dich an die Wahrheit auch dann, wenn sie nicht ins Konzept passt! Denn es passt noch viel weniger ins Konzept, wenn du versuchst, sie zu verbergen!
10. Neide nicht denjenigen das Glück, die in einem Narrenparadiese leben; denn nur ein Narr kann das für ein Glück halten!

AUFKLÄRUNG UND KRITIK. Zeitschrift für freies Denken und humanistische Philosophie, Heft 2 / 1994, Hrsg. Gesellschaft für kritische Philosophie (GKP) Nürnberg, S. 136, korrigiert gemäß Rechtschreibreform.

## Anhang 2: Fruchtbarkeitsraten aller Länder Europas 2021

(Quelle: Statista Research: „Europäische Union: Fertilitätsraten in den Mitgliedsstaaten im Jahr 2021; https://de.statista.com. 2023, April)

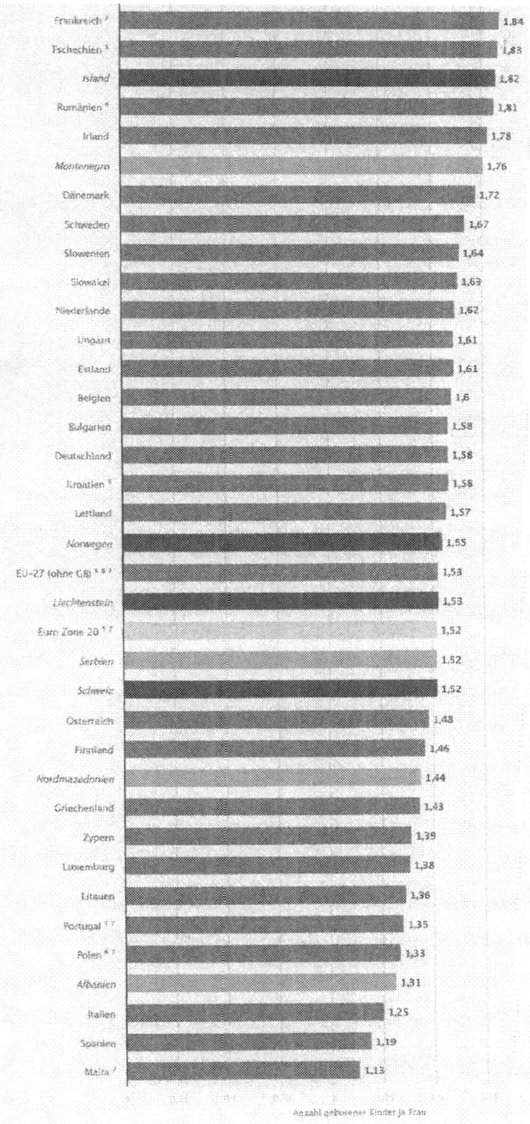

## Anhang 3: Lebendgeburten je 1000 Einwohner Europa 2021

(Quelle: Statista Research: „Europäische Union: Geburtenraten in den Mitgliedsstaaten im Jahr 2021; https://de.statista.com. 2022, Juli)

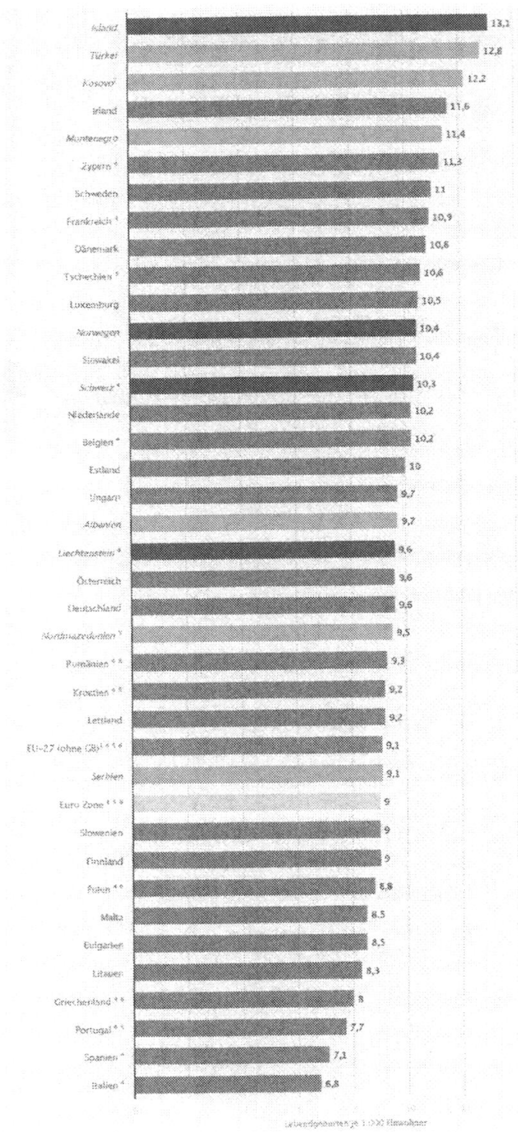

## Anhang 4: Ranking der Bildungsausgaben in OECD-Staaten

(Quelle: Statista Research: „Anteil der Ausgaben für Bildungseinrichtungen in den OECD-Staaten am jeweiligen BIP im Jahr 2020; https://de.statista.com 2023,Sept.)

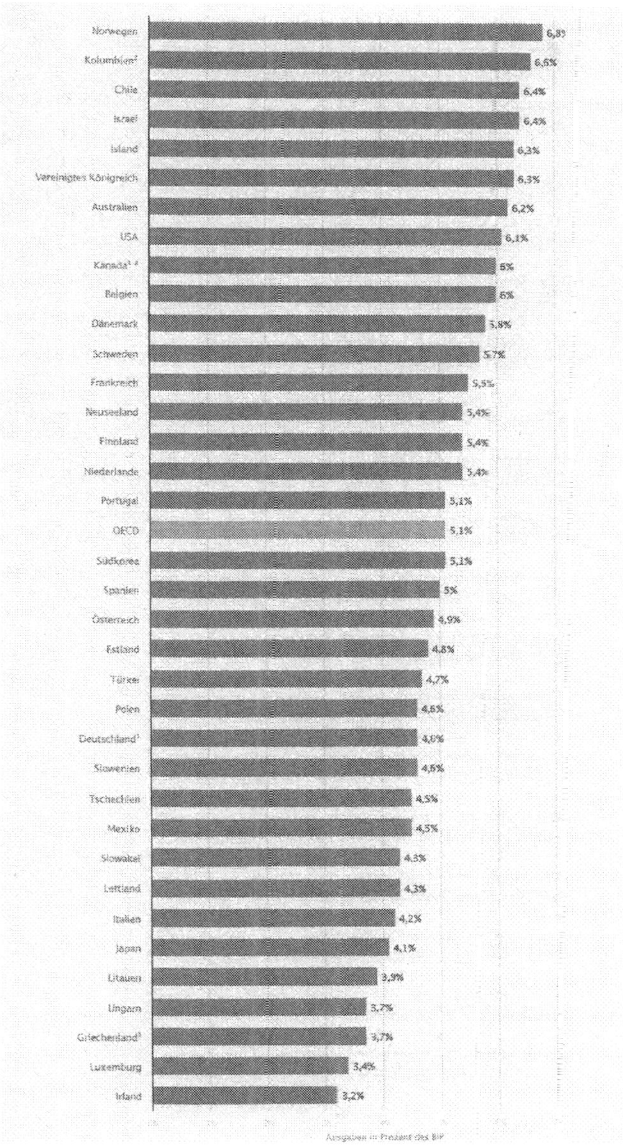

## Anhang 5: Ranking nach Ungleichheit bei der Einkommensverteilung auf Basis der Gini-Indizes 2020

(Quelle: Statista Research: Entwicklung der Einkommensungleichheit auf Basis des Gini-Index im Zeitraum 2009 bis 2020; https://de.statista.com. 2021

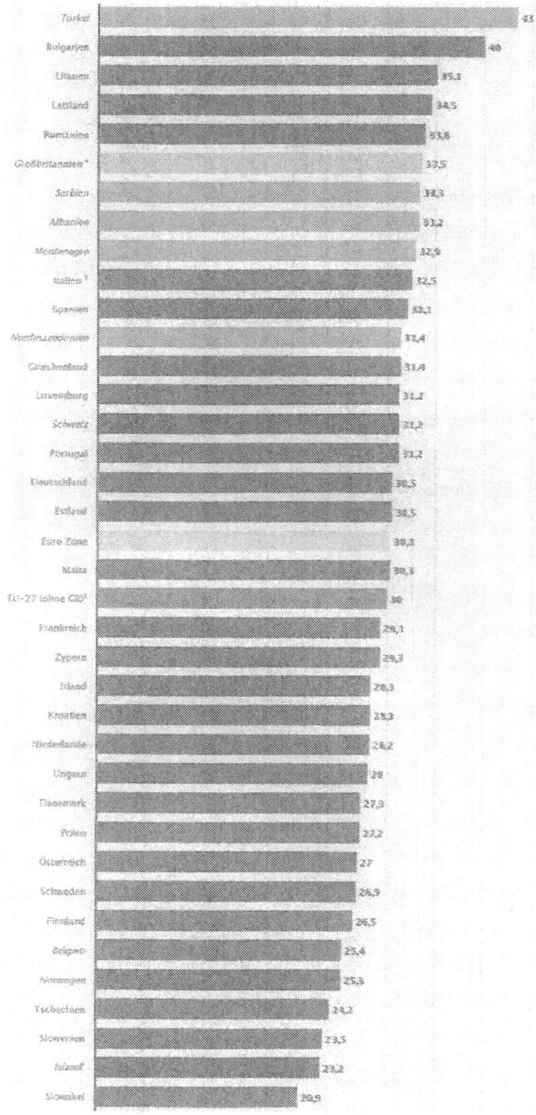

## Anhang 6: Vermögens-Ungleichheiten auf Basis der Gini-Koeffizienten in 15 EU-Staaten

(Quelle: Die Bundesregierung: „Gut leben in Deutschland: Gini-Koeffizienten der Vermögen; https://www.gut-leben-in-deutschland.de/indikatoren/einkommen/gini-koeffizient-vermoegen)

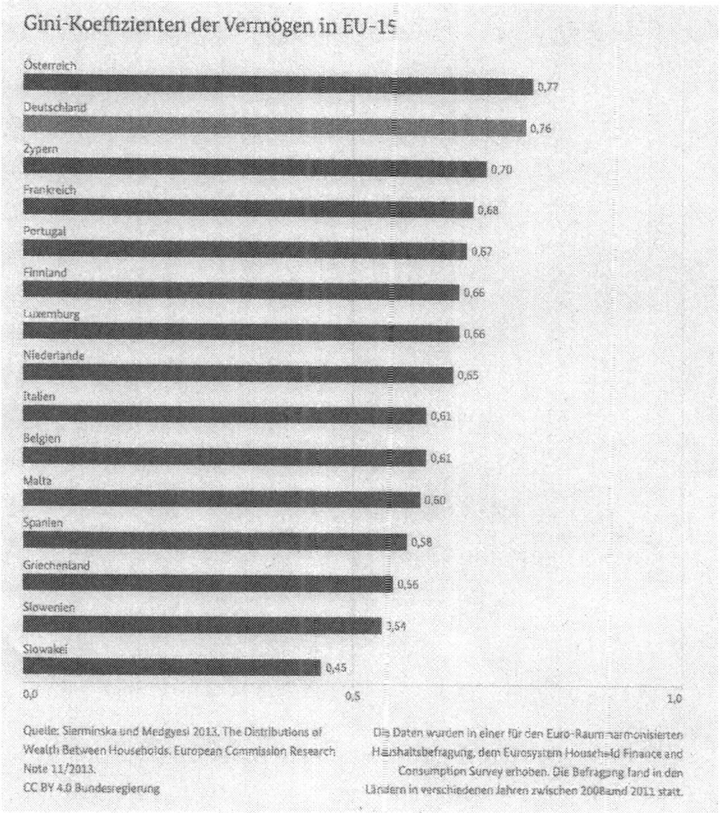

## Anhang 7: Vergleich Vermögensanteile der reichsten zehn Prozent in EU-Ländern im Jahr 2017

(Quelle: Bundeszentrale für politische Bildung: Halbmeier, Christoph und Grabka, Markus M.: Vermögen im europäischen Vergleich; https://www.bpb.de. 2021, März)

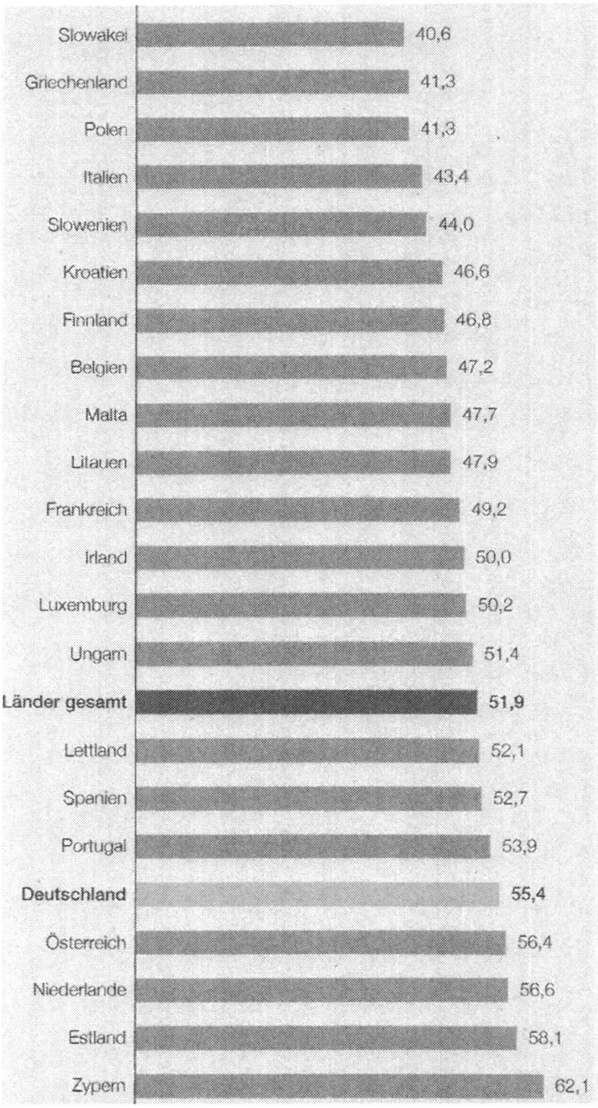

## Anhang 8: Folgen der Erderhitzung

(Quelle: Orf.at: „Klimaschutzpläne führen zu drei Grad plus; https://www.orf.at. Raftery et al; Foto: Gregor Aisch/Nature)

## Anhang 9: Staatsverschuldung in den EU-Mitgliedsstaaten im 2.Quartal 2023 in Relation zum BIP

(Quelle: Statista Research: „Staatsverschuldung in den EU-Ländern in Relation zum BIP 2.Quartal 2023"; https://de.statista.com. 2023)

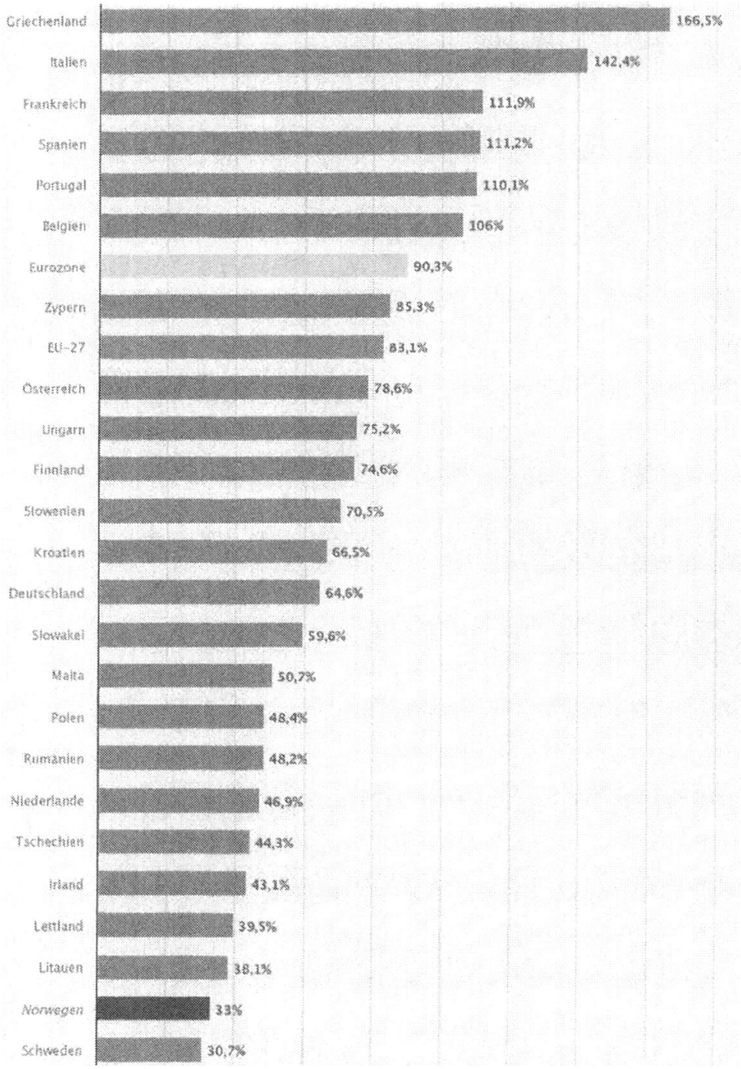

**Verwendete Abkürzungen:**

**BGE:** Bedingungsloses Grundeinkommen
**BIP:** Bruttoinlandsprodukt
**bzw:** beziehungsweise
**DIHK:** Deutsche Industrie- und Handelskammer
**EGKS:** Europäische Gemeinschaft für Kohle und Stahl
**EU:** Europäische Union
**EZB:** Europäische Zentralbank
**FED:** Federal Reserve System
**IQ:** Intelligenz-Quotient
**IQB:** Institut zur Qualitätsentwicklung im Bildungswesen
**ifo:** Institut für Wirtschaftsforschung, München
**IT:** Informationstechnologie
**IW:** Institut der Deutschen Wirtschaft
**iwd:** Informationsdienst des Instituts der Deutschen Wirtschaft
**KI:** Künstliche Intelligenz
**MDR:** Mitteldeutscher Rundfunk
**MINT:** Mathematik, Information, Naturwissenschaften und Technik
**NATO:** North Atlantic Treaty Organization
**OECD:** Organization for Economic Co-operation and Development
**PISA:** Programme for International Student Assessment
**PLO:** Palestine Liberation Organization
**SCO:** Shanghai Cooperation Organization
**TIMSS:** Trends in International Mathematics and Science Studies
**UNO:** United Nations Organization
**VR China:** Volksrepublik China

**Quellenverzeichnis:**

Zur Vorbereitung dieses Buches und zur Vermittlung von Wissen wurden vom Autor folgende Quellen verwendet. Diese werden nach Abschnitten und darin in alphabetischer Reihenfolge des jeweiligen Autors bzw. der jeweiligen Quelle angeführt.

***Vorbemerkungen des Autors:***

**Amnesty International:** „Generation Z: Klimawandel wichtigstes Thema unserer Zeit"; https://amnesty.ch. 2019, 10.Dezember

**Deloitte:** „Deloitte Millennial Survey 2022. Klimawandel bleibt die größte Sorge der Gen Z und Millennials in Deutschland"; https://www2.deloitte.com. 2022

**Deutscher Bundestag:** „Grundgesetz. Die Grundrechte"; https://www.bundestag.de. 2023

**Die Presse:** „Otto Habsburg warnte 2005: Europas größtes Problem ist die Herrschaft Putins"; https://www.diepresse.com. 2022, 15.März

**Euronews:** „Inflationsängste statt Energiepreise: Das sind die fünf größten Sorgen in Europa"; https://de.euronews.com. 2023, 11.Juli

**Institut für Demoskopie Allensbach:** Köcher, Prof. Dr. Renate: „Grenzen der Freiheit" in der FAZ 119 vom 23.Mai 2019; und in den IfD Allensbach Monatsberichten 2019; https://www.ifd-allensbach. 2019

**MDR fragt:** „Jeder zweite hat Hemmungen, seine Meinung zu sagen"; https://www.mdr.de. 2022, 7.Dezember

**Minar, Egon:** Buch „Wege aus dem Abstieg“; GHV-Verlag. ISBN: 978-3-87336-802-6. 2023, August

**Russell, Bertrand:** „Zehn Gebote eines Liberalen“ in der Zeitschrift „Aufklärung und Kritik“. 1954, Heft 2

**Statista Research:** „Umfrage zur Meinungsäußerung in Deutschland 2019“; https://de.statista.com. 2023, 5.Mai

**Statista Research:** Nier, Hedda: „Meinungsfreiheit für Deutsche das höchste Gut“; https://de.statista.com. 2016, 7.April

**World Economic Forum:** „Global Risks Report 2023”; https://www.weforum.org. 2023, 11.Januar

**Youtube:** „Über Putin: Wie Otto von Habsburg ihn einschätzte“; https://www.youtube.com. 2003 und 2005

***1.Teil: Der gegenwärtige erkennbare Abstieg Europas***

**iwd Informationsdienst des Instituts der Deutschen Wirtschaft:** „Wirtschaftsleistung Europa verliert, China gewinnt“; https://www.iwd.de. 2022, 12.April

**Statista Research:** „Europäische Union: Anteil am kaufkraftbereinigten globalen BIP von 1980 bis 2022“; https://de.statista.com. 2023, April

**Wikipedia:** „Mercosur“; https://de.wikipedia.org. 2023

**Wikipedia:** „Shanghaier Organisation für Zusammenarbeit“; https://de.wikipedia.org. 2023

*2.Teil: Die Fehlentwicklungen in Europa*

**AMAP Arctic Monitoring & Assessment Programme:** „AMAP and the Arctic Council"; https://www.amap.no. 2021

**Basler Zeitung: Tibi, Bassam:** „Die verdeckte Islamisierung Europas"; https://www.bassamtibi.de. 2016, 11.Oktober

**Beauvoir de, Simone:** Buch „Das andere Geschlecht", erstmals erschienen im Jahr 1949. Rowohlt Verlag, ISBN: 978-3423246484 bzw. FinanzBuch Verlag. ISBN: 978-3959724225. 2020, Oktober

**Berlin-Institut für Bevölkerung und Entwicklung:** „Bevölkerungsentwicklung in Afrika"; https://www.berlin-institut.org. 2022

**Berliner Morgenpost: Wienand, Lars:** „Drei Modelle: So viele Muslime leben 2050 in Deutschland"; https://www.morgenpost.de. 2017, 30.November

**Bertelsmann-Stiftung:** „Die Mittelschicht in Deutschland bröckelt"; https://www.bertelsmann-stiftung.de. 2021

**Bertelsmann-Stiftung:** „Pflegereport 2030. Die Versorgungslücke in der Pflege wächst"; https://www.bertelsmann-stiftung.de. 2021

**Bundesagentur für Arbeit:** „Arbeitsmarktsituation im Pflegebereich"; https://statistik.arbeitsagentur.de. 2022, Mai

**Bundesamt für Migration und Flüchtlinge:** „Migrationsbericht 2022"; https://www.bamf.de. 2023

**Bundesinstitut für Bevölkerungsforschung:** „Weltbevölkerung. Vergleich der Kontinente"; https://www.bib.bund.de. 2022

**Bundesinstitut für Bevölkerungsforschung:** „Bevölkerungszahl und ihr Wachstum, Afrika 1950-2020 und Prognose 2100"; https://www.bib.bund.de. 2020

**Bundesministerium für Arbeit und Soziales:** Arbeits- & Reichtumsbericht: „Warum berichten wir über Armut und Reichtum in Deutschland?"; https://www.armuts-und-reichtumsbericht.de. 2020

**Bundesministerium für Finanzen:** „Maastrichter Vertrag"; https://www.bundesfinanzministerium.de. 2023

**Bundesministerium für Wirtschaft und Klimaschutz:** „Aktuelle Erkenntnisse aus der Vermögensforschung"; https://www.bmwk.de. 2022, 28.November

**Bundesministerium für wirtschaftliche Zusammenarbeit und Entwicklung:** „Klimawandel verschärft weltweit Wasserknappheit"; https://www.bmz.de. 2019, 21.März

**Bundeszentrale für politische Bildung bpb:** „Die soziale Situation in Deutschland. Zahlen und Fakten"; https://www.bpb.de. 2020, 16.August

**Bundeszentrale für politische Bildung:** Halbmeier, Christoph und Grabka, Markus M.: „Vermögen im europäischen Vergleich"; https://www.bpb.de. 2021, 10.März

**Butler, Judith:** Buch „Das Unbehagen der Geschlechter", Suhrkamp Verlag, ISBN: 978-3-518-11711-4. 1991 29.Oktober

**CareElite:** „10 Umweltprobleme unserer Zeit – Ursachen und Lösungen"; https://www.careelite.de. 2019, 3.April

**Chip:** „Gehören Sie dazu? Ab wann Sie in Deutschland schon als reich gelten."; https://www.chip.de. 2023, 28.Januar

**Club of Rome:** “Earth for All: Ein Survivalguide für unseren Planeten. Der neue Bericht an den Club of Rome, 50 Jahre nach Die Grenzen des Wachstums“. Oekom Verlag. ISBN: 978-3962383879. 2022, 6.September

**co2online:** „CO2-Ausstoß der Länder: Top-10 Länder und Pro-Kopf-Verbrauch im Überblick“; https://www.co2online.de. 2020, 14.April

**Deutsche Gesellschaft Club of Rome:** „50 Jahre Die Grenzen des Wachstums“; https://www.clubofrome.de. 2022

**Deutscher Bundestag:** „Selbstbestimmungsgesetz stößt auf Zustimmung und Skepsis“; https://www.bundestag.de. 2023, November

**Deutsche Islam Konferenz:** „Daten und Fakten über den Islam in Deutschland“; https://www.deutsche-islam-konferenz.de. 2023, 29.Juni

**Deutschlandfunk:** „PISA-Studie 2022. Deutsche Schulleistungen sinken weiter“; https://www.deutschlandfunk.de. 2023, 5.Dezember

**Deutschlandfunk:** „Fachkräfteeinwanderungsgesetz. Warum Arbeitskräfte fehlen und was dagegen getan wird“; https://www.deutschlandfunk.de. 2023, 23.Juni

**Deutschlandfunk:** „Copernicus-Bericht. Hitze, Dürre, Wasserknappheit – Extremwetter in Europa“; https://www.deutschlandfunk.de. 2023, 21.April

**Deutschlandfunk:** Schulz, Arne: „Davos mit Appell zur globalen Zusammenarbeit“; https://www.deutschlandfunk.de. 2019, 26.Januar

**Die Bundesregierung:** „Gut leben in Deutschland: Gini-Koeffizient der Vermögen"; https://www.gut-leben-deutschland.de. 2023 auf Basis einer Erhebung von Sierminska und Medgyesi in 2013

**Earth Overshoot Day:** Pressemitteilung: "This year's Earth Overshoot Day lands on August 2"; https://www.overshootday.org. 2023, 5.Juni

**Firestone, Shulamith:** Buch: "The Dialectic of Sex: The Case for Feminist Revolution", Farra, Strauss and Giroux. ISBN: 978-0374527877. 2003, 5.März

**Focus Online:** „Ressourcen erschöpft. Ein Viertel der Welt ist rot: Karte zeigt, wo Wasser schon knapp ist"; https://www.focus.de. 2023

**FocusOnline:** Sackmann, Christoph: „Wassermangel in Deutschland: Diese Maßnahmen kommen im Sommer auf Sie zu"; https://www.focus.de. 2023,19.Juni

**Frankfurter Allgemeine:** „Unser Leben im Jahr 2100"; https://www.faz.net. 2015, 12.November

**Frankfurter Allgemeine:** Ehrhardt, Christoph: „Vereinigte Arabische Emirate. Wenn Piloten für mehr Regen Wolken jagen"; https://www.faz.net. 2023, 7.März

**Frankfurter Allgemeine:** Frühauf, Markus: „Staatsschulden steigen auf Rekordwert von knapp 72 Billionen Dollar"; https://www.faz.net. 2022, 6.April

**Frankfurter Allgemeine:** Siedenbiedel, Christian: „In Deutschland leben jetzt 1,6 Million Millionäre."; https://ww.faz.net. 2022, 14.Juni

**Frankfurter Allgemeine:** Müller-Jung, Joachim: „Beschleunigte Erderwärmung. Das Rekordjahr 2023 kratzt an der 1,5-Grad-Grenze; https://www.faz.net. 2024, 5.Januar

**Frankfurter Rundschau:** Gries, Helena: „Rente: Knapp ein Fünftel der über 65-Jährigen in Deutschland von Altersarmut bedroht"; https://www.fr.de. 2023, 7.Februar

**Frankfurter Rundschau:** Huber, Patricia: „300.000 Fachkräfte fehlen: In welcher Branche der Mangel besonders groß ist"; https://www.fr.de. 2023, 31.Mai

**Geomar:** „Wie das immer wärmer werdende Mittelmeer Starkregenereignisse beeinflusst"; https://www.geomar.de. 2023

**Glubb, Sir John:** Buch „The Fate of Empires and Search for Survival", Blackwood, ISBN: 978-0851581279. 1978, Januar

**Handelsblatt:** Olk, Julian und Specht, Frank: „Fachkräftemangel. Zwei Millionen Stellen in Deutschland bleiben unbesetzt"; https://www.handelsblatt.com. 2023, 12.Januar

**Hans-Böckler-Stiftung:** „Wie sind die Vermögen in Deutschland verteilt?"; https://www.boeckler.de. 2017, Ausgabe 04

**Houellebecq, Michel:** „Unterwerfung"; DuMont Verlag. ISBN: 978-3832197957. 2015, 2.Februar

**Institut der deutschen Wirtschaft:** Niehues, Judith und Stockhausen, Maximilian: „Mit 3.700 Euro gehören Singles zu den einkommensreichsten zehn Prozent."; https://www.iwkoeln.de. 2021, 29.Dezember

**IPCC:** „AR5 Synthesis Report: Climate Change 2014"; https://www.ipcc.ch. 2014

**Ipsos Studie:** „Studie zur Kluft zwischen Wahrnehmung und Wirklichkeit: Deutsche schätzen soziale Realitäten häufig falsch ein"; https://www.ipsos.com. 2019, 16.Januar

**Kelle, Birgit:** Buch „Gendergaga: Wie eine absurde Ideologie unseren Alltag erobern will"; Adeo Verlag. ISBN: 978-3863340452. 2015, 25.Februar

**Laenderdaten.info:** „Der IQ im Ländervergleich"; https://www.laenderdaten.info. 2020

**Leitschuh, Heike:** Buch „Ich zuerst! Eine Gesellschaft auf dem Ego-Trip", Westend Verlag. ISBN: 978-3864892288. 2018, 2.Oktober

**Meadows, Dennis u.a.:** Buch „Die Grenzen des Wachstums. Bericht des Club of Rome zur Lage der Menschheit". Deutsche Verlags-Anstalt. ISBN: 978-3421026330. 1972

**Minar, Egon:** „Wege aus dem Abstieg – Jetzt handeln"; GHV-Verlag. ISBN: 978-3-87336-802-6. 2023, August

**News4Teachers:** „Internationaler Vergleich: Fast ein Viertel der Schüler in Deutschland erreicht die Mindeststandards nicht". https://news4teachers.de. 2022, 22.November

**Noelle-Neumann, Elisabeth:** Buch „Öffentliche Meinung. Die Entdeckung der Schweigespirale", Ullstein Verlag, ISBN: 978-3550069345. 1996, März

**ntv:** „Sechs Kipppunkte können die Welt ins Chaos stürzen"; https://www.n-tv.de. 2023, 25.Oktober

**OECD:** „Pisa-Studien": https://www.oecd.org

**O'Leary, Dale:** Buch: "The Gender Agenda: Redefining Equality", Vital Issues, ISBN: 978-1563841224. 1997, 1.November

**orf.at:** „UNO: Neuer Höchststand von 114 Mio. Geflüchteten"; https://www.orf.at. 2023, 25.Oktober

**orf.at:** „Klimaschutzpläne führen zu drei Grad plus"; https://www.orf.at. 2022, 7.November

**Oxfam Deutschland:** „Umsteuern für soziale Gerechtigkeit"; https://www.oxfam.de. 2022

**Pew Research Center:** „Pew-Studie: Islam wächst am schnellsten"; https://www.erfan.ir. 2017

**Pew Research Center:** „Europas wachsende muslimische Bevölkerung"; https://www.pewresearch.org. 2017, 29.November

**Redaktionsnetzwerk Deutschland rnd:** „UN-Weltklimarat warnt. Wassermangel und schlechte Ernten: Der Klimawandel bedroht auch die Landwirtschaft in Europa"; https://www.rnd.de. 2022, 3.März

**Squeaker:** „Die besten Universitäten der Welt – Ranking 2023"; https://www.squeaker.net. 2023

**Stadt Salzburg:** „Landtagswahl 2023"; https://www.stadt-salzburg.at. 2023

**Statista Research:** „Europäische Union: Fertilitätsraten in den Mitgliedstaaten im Jahr 2021"; https://de.statista.com. 2023, April

**Statista Research:** „Europäische Union: Geburtenraten in den Mitgliedstaaten im Jahr 2021"; https://de.statista.com. 2022, Juli

**Statista Research:** „Anteil der Ausgaben für Bildungseinrichtungen in den OECD-Staaten am jeweiligen BIP im Jahr 2020"; https://de.statista.com. 2023, September

**Statista Research:** „Prognose zur Entwicklung der Weltbevölkerung von 2010 bis 2100“; https://de.statista.com. 2022, Juli

**Statista Research:** „Prognose der Bevölkerung in den Kontinenten in den Jahren 2021 bis 2100: https://de.statista.com. 2022, Juli

**Statista Research:** „Deutschland: Entwicklung der Einkommensungleichheit auf Basis des Gini-Index im Zeitraum 2009 bis 2020“; https://de.statista.com. 2021

**Statista Research:** „Entwicklung der Einkommensungleichheit auf Basis des Gini-Index im Zeitraum 2009 bis 2020“; https://de.statista.com. 2021

**Statista Research:** „Europäische Union: Staatsverschuldung in den Mitgliedsstaaten im 4.Quartal 2022 in Relation zum Bruttoinlandsprodukt“; https://de.statista.com. 2023, April

**Statista Research:** „Staatsverschuldung in den EU-Ländern in Relation zum BIP 2.Quartal 2023“; https://de.statista.com. 2023

**Statista Research:** „Europäische Union & Eurozone. Staatsverschuldung 1995 bis 2022“; https://de.statista.com. 2023, April

**Statista Research:** Radtke, Rainer: „Pflege in Deutschland – Zahlen und Statistiken:“; https://de.statista.com. 2022, 28.November

**Statistisches Bundesamt:** „Bevölkerungsstand: Amtliche Einwohnerzahl Deutschlands“; https://www.destatis.de. 2023, Juni

**Statistisches Bundesamt:** „2035 werden in Deutschland 4 Millionen mehr ab 67-Jährige leben"; https://www.destatis.de. 2022, 2.Dezember

**Statistisches Bundesamt:** „Geburtenrückgang setzt sich im Jahr 2023 fort"; https://www.destatis.com. 2023

**Statistisches Bundesamt:** „Gut ein Fünftel der Bevölkerung von Armut oder sozialer Ausgrenzung bedroht." https://www.destatis.de. 2023, 16.Mai

**Statistisches Bundesamt:** „Öffentliche Finanzen, Schulden, Finanzvermögen"; https://www.destatis.de. 2023, 29.März

**Stern:** Leitner, Christine: „In Europa wird das Wasser knapp. Daran liegt es, das sind die Folgen und so wird gegengesteuert"; https://www.stern.de. 2022, 7.August

**Süddeutsche Zeitung:** „UN meldet erstmals mehr als 100 Millionen Geflüchtete weltweit"; https://www.sueddeutsche.de. 2022, 23.Mai

**Süddeutsche Zeitung:** „Wie sich die Menschheit noch retten kann"; https://www.sueddeutsche.de. 2022, 6.September

**Süddeutsche Zeitung:** Aldenhoff, Kathrin: „Jede Schule muss analysieren: Wo stehen die Kinder?"; https://www.sueddeutsche.de. 2022, 18.Oktober

**Süddeutsche Zeitung:** Preuß, Roland: „Unternehmen können zwei Millionen Stellen nicht besetzen"; https://www.sueddeutsche.de. 2023, 12.Januar

**Tagesschau:** „IQB Bildungstrend 2021. Viertklässler können schlechter lesen und rechnen"; https://www.tagesschau.de. 2022, 17.Oktober

**Travelbook:** Resch, Susanne: „Analyse zum CO2-Ausstoß seit 1850. Die Länder, die bis heute am schädlichsten für das Weltklima waren“; https://www.travelbook.de. 2021, 27.Oktober

**Umwelt Bundesamt:** „Zu erwartende Klimaänderungen bis 2100“; https://www.umweltbundesamt.de. 2023

**United Nations:** “World Water Day 2023”; https://www.un.org. 2023, 23.März

**Universität Hamburg:** „TIMSS“; https://www.timss.uni-hamburg.de. 2023

**UNO Flüchtlingshilfe:** „Konflikte in Afrika lassen Flüchtlingszahlen ansteigen“; https://www.uno-fluechtlingshilfe.de. 2022

**UNO Flüchtlingshilfe:** „Zahlen & Fakten zu Menschen auf der Flucht“; https://uno-fluechtlingshilfe.de. 2022

**Welt:** Verband: „Viele Kunden mussten auf Ersparnisse zurückgreifen“; https://www.welt.de. 2023, 21.Februar

**Welt:** Böhmer, Daniel-Dylan: „Willkommen im neuen Mittelalter – Ein Blick auf die Weltordnung im Jahr 2100“; https://www.welt.de. 2023, 10.Juli

**Wikipedia:** „Präsidentschaftswahl in Frankreich 2022“; https://de.wikipedia.org. 2023

**Wikipedia:** „Gemeinderatswahl in Graz 2021“; https://de.wikipedia.org. 2023

**Wikipedia:** „Gini-Koeffizient“; https://de.wikipedia.org. 2023

**Wikipedia:** „Earth Overshoot Day“; https://de.wikipedia.org. 2023

**Wikipedia:** „Cloud Seeding“; https://de.wikipedia.org. 2023

**Wikipedia:** „Liste der Länder nach Staatsschuldenquote“; https://de.wikipedia.org. 2023

**Wikipedia:** „Liste der Länder nach Kreditrating“; https://de.wikipedia.org. 2023

**Wikipedia:** „Staatsbankrott“; https://de.wikipedia.org. 2023

**Wirtschaftsdienst:** Schmidt, Johannes: „Von der Staatsverschuldung zum Staatsbankrott?“; https://www.wirtschaftsdienst.eu. 2014, Heft 9

**WirtschaftsWoche:** „Weltwasserforum. Milliarden sitzen auf dem Trockenen. Wasserknappheit in Europa“; https://www.wiwo.de. 2022

**WirtschaftsWoche:** Regniet, Thomas: „Wenn Unternehmen das Personal ausgeht – Ein Überblick zum Fachkräftemangel“; https://www.wiwo.de. 2023, 12.April

**World Economic Forum:** “Davos 2019”; https://www.weforum.org. 2019, Januar

**World Resources Institute:** “Updated Global Water Risk Atlas Reveals Top-Water-Stressed Countries and States”; https://www.wri.org. 2019, 6.August

**zdf heute:** „Neuer Club of Rome Report. Wie sich die Menschheit noch retten kann“; https://www.zdf.de. 2022, 6.September

**Zeit Online:** „Zahl der Neugeborenen in Deutschland ist zurückgegangen“; https://www.zeit.de. 2023, 21.Juli

**Zeit Online:** „Einheimische Tierarten durch Klimawandel bedroht“; https://www.zeit.de. 2021, 9.April

**Zeit Online:** „Deutsche Staatsschulden auf Höchstwert gestiegen“; https://www.zeit.de. 2023, 29.März

***3.Teil: Lösungsansätze zur Überwindung von Fehlentwicklungen im 21.Jahrhundert***

**Ipsos Mori:** „Studie zur Kluft zwischen Wahrnehmung und Wirklichkeit“; https://www.ipsos.com. 2019, 16.Januar

**lpb Landeszentrale für politische Bildung Baden-Württemberg:** „EU-Erweiterung Westbalkan‘; https://www.osteuropa.lpb-bw.de. 2023

**Pew Research Center:** „Europas wachsende muslimische Bevölkerung“; https://www.pewresearch.org. 2017, 29.November

**Spiegel:** „Warum Marlene Engelhorn 90 Prozent Steuern zahlen will“; https://www.spiegel.de. 2022, 28.September

**Tagesspiegel:** „Besteuert uns, und zwar jetzt“. Mehr als 100 Millionäre fordern Vermögenssteuer für Superreiche"; https://www.tagesspiegel.de. 2022, 19.Januar

**Wikipedia:** „Mercosur“; https://de.wikipedia.org. 2023

**Wikipedia:** „African Continental Free Trade Area”; https://de.wikipedia.org. 2023

**Über den Autor:**

Egon Minar ist mit sechs Brüdern in einem bürgerlichen Umfeld in Wien aufgewachsen. An der dortigen Wirtschaftsuniversität hat er Sozial- und Wirtschaftswissenschaften studiert und dieses Studium in sehr kurzer Zeit akademisch abgeschlossen.

In Summe war Egon Minar über 47 Jahre lang beruflich tätig, davon über vierzig Jahre in Führungs- und Top Management-Funktionen in internationalen Großkonzernen, in Familienunternehmen, in KMUs, in Start-up-Unternehmen und als Unternehmensberater. Seine beruflichen Aktivitäten hat er in Deutschland, in der Schweiz und in Österreich und kurzzeitig auch in Japan, in den USA und in Frankreich ausgeübt.

Seit knapp zwei Jahren ist er als Autor von Sachbüchern, Kriminalromanen, einem Management-Ratgeber und einigen Romanen tätig. Sein erstes Sachbuch „Wege aus dem Abstieg" ist im August 2023 erfolgreich veröffentlicht worden und befasst sich mit gesellschaftskritischen Herausforderungen und möglichen Lösungsvorschlägen dazu. Weitere bereits veröffentlichte Sachbücher sind „Gender-Wahnsinn 2.0. Warum unser Handeln jetzt erforderlich ist" und „Work-Life-Balance oder Wohlstand - Beides zusammen geht nicht".

Vor Kurzem ist sein Roman „Ein Junge auf der Suche nach Frieden" erhältlich, ein zeitaktueller, geopolitischer Traum. Im Frühjahr 2024 werden sein erster Kriminalroman „Femizide in Wien" und sein Ratgeber „Praxistipps für Führungs-Nachwuchskräfte. Ratschläge eines Top Managers" erscheinen. Weitere Buchprojekte sind in Vorbereitung.

Privat ist Egon Minar glücklich verheiratet, Vater von zwei erwachsenen Töchtern und Großvater eines Jungen und eines Mädchens. Mit seiner Frau Nathalie lebt er in München.

## Sachbuch „Wege aus dem Abstieg“

Der Autor analysiert als scharfsinniger Beobachter aktuelle wirtschafts- und sozialpolitische Fehlentwicklungen, die er für große Gefahren für den Wirtschafts-Standort Deutschland und seine Gesellschaft hält.

Er belässt es nicht nur bei Situations- und Problem-Beschreibungen, vielmehr geht es ihm darum, Lösungswege aufzuzeigen, wie der Abstieg Deutschlands verhindert oder zumindest abgefedert werden könnte.

Erschienen als Taschenbuch im August 2023 im GHV-Verlag für Euro 21,80. ISBN: 978-3-97336-802-6.

## Roman „Ein Junge auf der Suche nach Frieden“

Wie die meisten Menschen sehnt sich der Autor nach Frieden auf Erden. In mehrfachen Träumen hat er von einem zwölfjährigen syrischen Flüchtling geträumt, der sich auf die Suche macht, den verloren gegangenen Frieden zu suchen. Diese Träume hat der Autor zu einem geopolitischen Roman mit zeitaktuellem Hintergrund umgesetzt.

Das Ziel des jungen Syrers Adil ist eine internationale Friedenskonferenz der wichtigsten Staatsoberhäupter und Regierungschefs. Dazu bereist er dank einiger Spenden weltweit viele Staaten. Mit der Unterstützung des UN-Generalsekretärs gelingt es Adil, diese erwünschte Friedenskonferenz mit 39 besonders wichtigen Staatsoberhäuptern und Regierungschefs in einem unkonventionellen Format zu organisieren. An dieser werden wichtige und weitreichende Beschlüsse gefasst. Dazu gehören Waffenstillstände aller aktuellen zwischenstaatlichen militärischen Auseinandersetzungen.

Erschienen im Selbstverlag im Januar 2024; Erhältlich als Taschenbuch, gebundene Ausgabe und E-Book; ISBN Taschenbuch: 9798877822405.

# Sachbuch „Gender Wahnsinn 2.0 – Warum unser Handeln jetzt erforderlich ist“

Die wahren und sehr gefährlichen Zielsetzungen der Gender-Ideologien und des Gender-Mainstreamings gehen viel weiter als die sehr anstrebenswerte Gleichberechtigung aller Geschlechter. Sie wollen die Ehe und Kernfamilie abschaffen und die Kinder für eine möglichst frühe Erziehung zu sexueller Vielfalt gewinnen. Die Homosexualität soll aktiv gefördert werden. Die Konsequenzen für unsere Zivilgesellschaften sind nicht nur sehr beunruhigend, sondern höchstgefährlich für deren Fortbestand.

Der Autor musste erfahren, dass nur sehr wenige Menschen die wahren Zielsetzungen der Gender-Ideologien kennen. Darum soll dieses Buch beitragen, die Hintergründe, Forderungen und Folgen der Gender-Ideologien zu verstehen. Noch ist es nicht zu spät. Noch könnten sich unsere Zivilgesellschaften dagegen wehren. Doch es sollte rasch gehandelt werden, um die gesellschaftsgefährdenden Konsequenzen aus den Gender-Ideologien zu vermeiden oder zumindest abzumildern.

Mit einem Exkurs über die Rollen von Frauen und Männern in der Geschichte, in den Religionen und in der Kunst.

Erschienen im Selbstverlag im Februar 2024. Erhältlich als Taschenbuch und gebundene Ausgabe; ISBN Taschenbuch: 9798879667448.

# Sachbuch „Work-Life-Balance oder Wohlstand - Beides zusammen geht nicht“

In den letzten Jahren haben sich insbesondere in Europa die Wünsche und Forderungen vor allem jüngerer Generationen nach veränderten Work-Life-Balances verstärkt. Diese veränderte Einstellung zur beruflichen Arbeit und ihrer Wertigkeit wird in unseren Zivilgesellschaften kontrovers diskutiert. Aufgrund des massiven Fachkräftemangels müssen viele Unternehmen diesen Forderungen nach geringeren Arbeitszeiten oftmals nachkommen. Allerdings lassen geringere Arbeitszeiten den Fachkräftemangel weiter ansteigen.

Wirtschafts- und Arbeitgebervertretungen lehnen daher diese Forderungen nach geringeren Wochenarbeitszeiten mit großer Vehemenz ab. Wirtschaftsfachleute weisen auf die immensen Gefahren für die deutsche Wirtschaft und für die europäischen Wirtschaftsstandorte hin. Die Produktivität und die Wirtschaftsleistungen würden immer mehr sinken und damit den Wohlstand in Deutschland und in Europa massiv gefährden. Die europäischen Volkswirtschaften würden immer stärker an Boden gegenüber den USA und China verlieren. Der Autor präsentiert einige Empfehlungen, wie diese wirtschafts- und wohlstands-gefährdenden Bestrebungen zur Veränderung der Work-Life-Balances eingegrenzt werden könnten.

Printed in Poland
by Amazon Fulfillment
Poland Sp. z o.o., Wrocław

33341696R00128